Spécifiez agile

Expression de besoins : la boite à outils du Product Owner

Thierry Cros

Spécifiez agile

Expression de besoins : la boite à outils du Product Owner

Thierry Cros

This book is for sale at
http://leanpub.com/agile-expression-de-besoins

This version was published on 2013-04-18

ISBN 978-1-291-39035-3

This is a Leanpub book. Leanpub empowers authors and publishers with the Lean Publishing process. Lean Publishing is the act of publishing an in-progress ebook using lightweight tools and many iterations to get reader feedback, pivot until you have the right book and build traction once you do.

Table des matières

Préface

Spécifier et Agile sont des mots qu'on ne rencontre pas souvent ensemble.

Dans l'histoire du développement de logiciel, on a vu passer toutes sortes de spécification : spécification des besoins, spécification des exigences, spécification interne, externe, générale, détaillée... Dans les années 90, au plus fort de la vague de l'orienté objet, on a même vu apparaître une spécification "objet".

Mais de la spécification Agile, on n'en a pas entendu parler, à tel point qu'on se demande s'il ne s'agit pas d'un oxymore.

Une raison est probablement le BRUF (Big Requirements Up Front), autrement dit la grosse spécification détaillée élaborée au début, que tous les zélateurs de l'Agilité rejettent vigoureusement. A juste titre.

Cependant, et comme Thierry le démontre avec brio, ce n'est qu'un oxymore apparent : la petite spécification faite au bon moment, ça c'est typiquement Agile.

Dans "Spécifiez Agile", le travail de spécification dont il est question est relatif au "quoi", il a pour objectif de définir le comportement attendu du logiciel.

Ceux qui spécifient déjà, mais de manière traditionnelle (dans tradition, j'englobe largement : exigences, modèles, traçabilité, use-cases...) trouveront dans le livre de Thierry la preuve qu'on peut le faire différemment, avec les bénéfices de l'Agilité, et sans y perdre de rigueur.

Les équipes qui ont l'habitude de coder sans bien savoir quel est le besoin des utilisateurs y découvriront une approche légère, avec les stories et leurs tests d'acceptation, qui les poussera à développer des produits plus alignés avec la "valeur métier".

Cet ouvrage est aussi dédié aux équipes déjà passées à l'Agilité (en particulier les Product Owners), auxquelles il propose de nouveaux outils pour aller de la vision au backlog.

Thierry vous invite à partager son enthousiasme pour "Spécifiez agile". Avec l'impératif du titre, c'est même plus qu'une invitation, c'est une injonction. Mais vous pouvez-la suivre en toute confiance.

Claude Aubry

Avant-propos

Voici l'histoire de "Spécifiez agile".

L'écriture émergente

Le Lean Startup est une proposition dont l'objectif est de :

> "Changer la façon de créer des entreprises, de lancer de nouveaux produits." Eric Ries

L'outil essentiel du Lean Startup, le "Minimum Viable Product" (MVP), fait écho aux premières versions d'un plan agile, basées sur la stratégie "Minimum Marketable Features" (MMF). Tout comme en agilité, il s'agit d'obtenir rapidement un feedback concret - d'une ou plusieurs versions minimalistes - afin de rectifier si nécessaire le produit. En pratique, ce feedback permet de *pivoter* ou *persévérer* :

- Persévérer dans la direction testée,
- "Pivoter", c'est-à-dire changer d'hypothèse, abandonner celle qui se révèle inefficace, qui ne rencontre pas ses Utilisateurs, pour repartir sur une nouvelle voie et donc un nouveau MVP afin de tester cette nouvelle hypothèse. C'est ce que permet le site Leanpub[1] dans le cas d'un *ebook* : publier un ouvrage électronique selon une voie lean startup.

[1]https://leanpub.com

Expression de besoins agile

Tout a commencé par l'idée d'un nouvel ouvrage consacré à l'expression de besoins agile.
Premier feedback : à l'issue de discussions avec des personnes reconnues dans la communauté agile, l'idée de l'ouvrage semble toujours d'actualité. L'approche agile est désormais perçue en tant qu'alternative viable. Plusieurs livres existent qui décrivent Scrum, Kanban et d'autres méthodes agiles. Cette richesse d'approches crée aujourd'hui une boite à outils de plusieurs centaines de pratiques. Il devient pertinent *a priori* de rédiger un ouvrage spécifique à un domaine, en l'occurence l'expression de besoins.
Deuxième étape : les Relecteurs sont très efficaces : ils n'hésitent pas à renvoyer tous les feedbacks qu'ils jugent utiles.
Tout cela pour aboutir à un véritable **premier MVP** (Minimum Viable Product) : la version initiale de l'ouvrage, au format électronique (pdf, epub, mobi). L'écriture continue alors que cette première version est publiée sur le site LeanPub. Les retours devraient permettre de consolider un contenu destiné à être édité au format "papier". Ce dernier est beaucoup moins malléable, comparé à un fichier "pdf" ou "epub".

Errare humanum est

J'étais très excité, à la fin des années 90, par deux nouveautés :

- Unified Modeling Language (UML),
- Extreme Programming (XP).

Plus le temps passait, plus XP, cette approche alternative dite "légère"[2] par opposition à la lourdeur des méthodes telles que le processus unifié ou le cycle en V, m'attirait. Je me lançais (en 2003) dans l'écriture d'un livre sur l'Extreme Programming. Le "gang des quatre" XPistes - Jean-Louis Bénard, Laurent Bossavit, Régis Médina, Dominic Williams - avait publié avec succès en 2002, chez Eyrolles, le livre de référence sur XP[3].
Le mien - *Maîtrisez les projets avec l'Extreme Programming* - fut un fiasco.

Pourquoi raconter cette histoire

Ce premier livre publié en 2004 était le résultat d'une obstination. Je n'avais pas sollicité de feedback concret, rapide. Je n'avais pas collaboré. Je n'en avais pas eu le courage.

> Errare humanum est, perseverare diabolicum[4]

Si l'agilité donne droit à l'erreur, nous avons le devoir - en contrepartie - de nous améliorer. L'histoire de ces deux livres (sans préjuger du destin de "Spécifiez agile") pourrait être une métaphore : agiliser vos développements de produits complexes grâce à plus de :

- communication,

---

[2]Les méthodes alternatives, empiriques, des années 90 étaient qualifiées de *légères* avant de devenir *agiles* après la publication du "Manifeste agile" en 2001.

[3]Ce livre est disponible (format électronique) gratuitement ici : Gestion de projet eXtreme Programming au format PDF sans DRM.

[4]« Se tromper est humain ; persévérer est diabolique ».

- feedback concret et rapide,
- simplicité,
- courage.

Historique

15 avril 2013
Quelques modifications complémentaires, en particulier dans les chapitres “Intelligence collective” et “Valeur métier”.

10 avril 2013
Refonte du plan (voir ci-dessous : “conception de l’ouvrage”), prise en compte de feedbacks de lecteurs (pratiquement dans tous les chapitres), ajout du chapitre “intelligence collective”.

9 janvier 2013
Prise en compte de feedbacks de lecteurs sur l’ensemble des chapitres,
consolidation des études de cas pour insister sur le côté *pratique* et la démarche ascendante,
modification du chapitre “harmonie” qui devient “démarche” et précise l’intérêt d’une démarche ascendante de spécification
couverture : changement de police.

18 décembre 2012
Ajout du glossaire et de la bibliographie,
Quelques typos corrigées,
Compléments mineurs dans plusieurs chapitres.

17 décembre 2012
Première version mise en vente.

Objectifs de "Spécifiez agile"

L'objectif de cet ouvrage est de fournir un guide des pratiques d'expression de besoins agile. Il est le compagnon du Product Owner, de toute personne amenée à spécifier un produit complexe destiné à être développé dans un cadre agile.
Les ScrumMasters et Coaches agiles y trouveront une synthèse de pratiques connues et quelques nouveautés.

Conception de l'ouvrage

Les premiers feedbacks de Lecteurs m'ont conduit à modifier sensiblement l'ordre des chapitres.

Un autre monde

L'agile est si différent ! Avant de parcourir les différents concepts et pratiques, autant savoir "où on met les pieds". Et quoi de mieux que de raconter une histoire de spécification agile ? C'est le but du chapitre "Le Club des Chercheurs de Trésors". Lisez absolument ce chapitre si

- vous ne connaissez pas les concepts d'expression de besoins agile (stories...)
- vous connaissez ces concepts mais vous ne voyez pas très bien ce que peut bien vouloir dire "émergence des spécifications" (qui est un principe agile).

Concepts et pratiques

Le cadre agile est posé. Voyons maintenant en détail les concepts et pratiques utiles à un Spécifieur.

Être agile

Les concepts et pratiques sont spécifiques à l'agilité, la *démarche* est radicalement différente. Plutôt qu'une approche strictement descendante (du général vers le particulier), nous faisons *émerger* les spécifications, du particulier au général. Cette partie propose également une "discipline" d'intelligence collective, basée sur la *gestion par consentement* de la sociocratie. En effet, une équipe auto-organisée offre de meilleurs spécifications (c'est un principe agile) pourvu qu'elle s'arme de pratiques pertinentes.

Modéliser

Les concepts présentés jusqu'à présent ne sont pas nécessairement adaptés à toutes les personnes ni à tous les produits. C'est le cas de systèmes peu ou pas interactifs. Rien n'empêche - en agilité - de modéliser. Cette partie de l'ouvrage est consacrée à ce type d'approche et propose une étude de cas.

Conclusion

Quelques mots de conclusion - à vous de jouer ! - une bibliographie (courte !) et un glossaire pour terminer l'ouvrage.

Remerciements

Remercier les Relecteurs de “Spécifiez agile” est un vrai bonheur. J’ai été très touché par la qualité de leur feedback, de leur engagement.

Merci à Caroline Damour qui est Product Owner et responsable de port-folio ; ton point de vue “opérationnel” et les suggestions que tu me proposais sous forme de questions m’ont aidé à rester “centré Utilisateur”.
Émilie Franchomme, m’a offert de nombreux commentaires, aussi bien sur le fond que sur la forme de “Spécifiez agile”. Merci Émilie, j’ai vraiment apprécié tes suggestions, tes reformulations, bien plus pertinentes que ce que je proposais.
Alfred Almendra est une source inépuisable de ressources agiles. Ses propositions d’amélioration furent très appropriées tout au long de l’écriture, y compris la conclusion de l’ouvrage. Merci Alfred, je suis vraiment heureux que tu aies participé à cette aventure.
Claude Aubry, je me souviendrai de nos discussions autour d’un café, elles m’auront permis de mieux exprimer la rupture agile : besoin et solution sont intimement liés. Merci pour ces belles discussions, tes retours d’une grande pertinence sur le fond de ce que je souhaitais exprimer (et ausi quelques typos). Tes feedbacks ont été copieux. Merci également pour la préface, c’est un exercice qui n’est pas si facile.

Merci à Alexandre Boutin et Jean-François Jagodzinski dont les feedbacks m’ont secoué. Que ce soit sur la question de l’évolution du système d’information ou plus généralement sur le ton de l’ouvrage, votre apport a été salutaire.

Je remercie Oana Juncu, David Brocard, Fabrice Aimetti, Romain Couturier et Laurent Carbonnaux. Je vous ai demandé, tardivement, de rejoindre cette aventure et vous avez été bienveillants, le feedback que vous m'avez renvoyé a contribué à l'ouvrage.

Merci à Laurent Morisseau, également membre fondateur de la fédération agile.

Merci à Sébastien Cros. Il est l'auteur de l'illustration de couverture et des portraits des *personas* du "Club des Chercheurs de Trésors". Sébastien a su traduire visuellement ce que je souhaitais, ce qui était loin d'être évident.

Enfin, je souhaite remercier Christine Julio, Brigitte Bourbée et Bruno Bourbonnais de la Maison de l'Initiative[5], la "société coopérative et participative" (SCOP) dans laquelle j'ai le statut d'entrepreneur-salarié. Leur soutien simple, professionnel, humaniste me fait chaud au coeur. Je suis fier de faire partie de cette équipe.
La Maison de l'Initiative est une CAE - Coopérative d'Activité et d'Emploi - qui réunit plusieurs dizaines de personnes désireuses d'être "entrepreneur" tout en faisant partie d'une organisation de l'Économie Sociale et Solidaire.

Castans,
le 18 décembre 2012.

---

[5]http://www.maison-initiative.org/?-L-equipe-d-appui-

Un autre monde

1 Introduction

Traditionnellement, le développement d'un produit distingue deux mondes :

- l'espace du besoin
- et celui de la solution.

Des documents écrits - par le Maître d'Ouvrage (MOA) - expriment le besoin : Cahier des charges fonctionnel[1] et Spécification technique de besoin[2]. Leur contenu est normalisé (AFNOR...).
Les dossiers de spécification - spécifications fonctionnelles, spécifications techniques, spécifications d'architecture - sont la traduction des besoins : ils "répondent" aux Cahier de Charges.
Les spécifications sont alors transformées en produit par le Maître d'Oeuvre (MOE) : la solution technique est ainsi décrite dans un "dossicr de conception". Ces différents documents sont parfois illustrés grâce à une modélisation UML (Unified Modeling Language).

Ces rôles (MOA, MOE) et pratiques (élaboration de gros documents) sont vieux de plusieurs siècles. Leur origine remonte au Moyen-Age. Les ponts[3] devaient faire face à de lourdes... charges[4].

---

[1]Cahier des charges fonctionnel

[2]Spécification technique de besoin.

[3]Image par Peter Gugerell. "Pont de Repudre, sur lequel passe le Canal et le Ruisseau de Repudre dessous" Canal du Midi.

[4]Voir cette histoire des ponts.

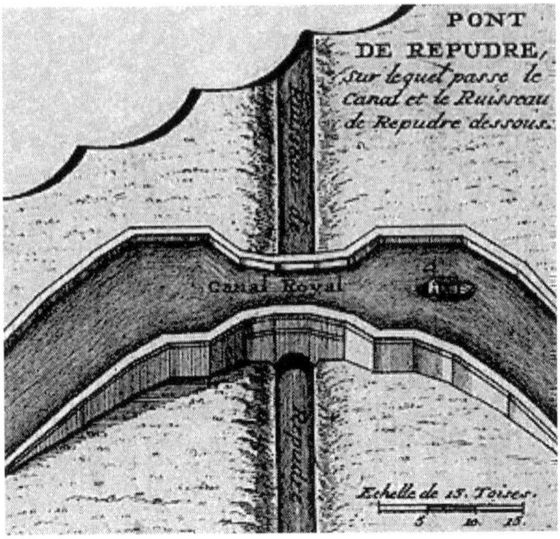

Le pont-canal de Répudre (Canal du Midi)

Le Manifeste agile, en 2001, est une évolution radicale : les spécifications et conceptions *émergent*. Elles s'élaborent en équipe et prennent en compte un feedback (retour d'information) concret et rapide : celui des mises en exploitation fréquentes du produit.

1.1 Terminologie

Dans ce livre, **expression de besoins** représente *tout* ce que le Client ou son représentant *extériorise* - document, discussion - afin que l'équipe de réalisation fabrique le produit le plus adapté à sa demande.

La **spécification** est l'activité qui consiste à exprimer le besoin.

1.2 Product Owner et Spécifieur

La spécification - le fait d'exprimer les besoins - est le rôle du **Spécifieur**. C'est l'une des activités essentielles du *Product Owner*[5] (PO), rôle emblématique de la méthode Scrum[6], devenu standard de fait agile.
Spécifieur correspond à ce rôle de Scrum.

1.2.1 Spécifieur

Spécifieur représente aussi

- le rôle de *Product Manager* d'autres méthodes agiles (Extreme Programming, Lean Software Development[7])
- plus généralement, toute personne participant à la *spécification* d'un produit :
  - Analyste fonctionnel
  - Expert métier
  - Marketeur
  - Consultant Assistance Maîtrise d'Ouvrage
  - Testeurs fonctionnels
  - Chef de Projet Utilisateur
  - Chef de Projet fonctionnel.

[5]La planification et la validation sont les autres activités importantes du Product Owner.

[6]Pour découvrir Scrum : Guide Scrum. Voir aussi le livre de référence de Claude Aubry (cf bibliographie en fin d'ouvrage).

[7]Pour des informations sur ces méthodes agiles, voir les articles de mon site http ://thierrycros.net. Voir aussi Lean Software Development.

1.3 Exigences ?

Le terme "exigence" désigne un pré-requis à la conception et la réalisation d'un produit. Selon Wikipedia :

> En ingénierie, et plus particulièrement dans les procédures d'appel d'offres publiques et privées, les exigences sont l'expression d'un besoin documenté sur ce qu'un produit ou un service particuliers devraient être ou faire.

La planification agile repose sur la capacité à prioriser (ou prioritiser) les besoins - essentiellement en fonction de leur valeur métier[8] - et développer uniquement ce qui apporte effectivement une valeur aux Utilisateurs[9]. Cela signifie que certains besoins ne seront pas - au final - implémentés. Le *terme* d'exigence, qui sous-entend une obligation, est par conséquent inadapté à l'expression de besoins agile.

1.4 Sur le terrain

La métaphore "rugby" est naturelle[10] en agilité (*Scrum* signifie "mêlée"). Mais... Quelle analogie entre rôle Scrum et numéro de

---

[8]La priorité d'un besoin est fonction de la valeur métier et d'autres critères, par exemple la diminution de risque, la complexité, la pertinence. Les principes agiles insistent sur la valeur métier : Manifeste agile.

[9]La Valeur d'un besoin dépend de ce qu'il apporte à l'Utilisateur. Ce terme représente toute personne qui utilise le produit logiciel, quel que soit son rôle.

[10]L'illustration du livre de référence, de Claude Aubry, est une photo de rugby.

maillot ?
Voici un exemple de correspondance.

Rôle Scrum	Rugby
Product Owner	Demi de mélée (numéro 9)
ScrumMaster	Capitaine, Arrière...
Développeur	Pack (mélée)

Le Product Owner - demi de mêlée - est un joueur sur le terrain. C'est la pratique "Client sur Site" de l'Extreme Programming. Autrement dit, il "mouille le maillot" tout comme les autres joueurs. C'est le sens de l'illustration de couverture.
Le demi de mêlée est un "rouge" ; les "bleus" - adversaires - représentent tous les obstacles, les *impediments* qui viennent contrarier l'avancement de l'équipe complète.

Jean-Marc Doussain : behind the scrum

Cette photo[11] de Pierre Selim[12] est complémentaire de l'illustration de couverture. Ici, le demi de mêlée (le 9) est derrière le pack pour récupérer le ballon qu'il avait au préalable envoyé au milieu dans la mêlée.

Sur le terrain, chaque joueur joue un rôle précis : demi de mêlée,

[11]photo sous licence Creative Commons Paternité 3.0.
[12]https://fr.wikipedia.org/wiki/Fichier:Jean-Marc_Doussain_behind_the_scrum.jpg

pilier... Il est aussi “multi-disciplinaire” : en phase défensive, chaque joueur “redescend” pour participer à la défense, même si ce n’est pas sa fonction habituelle. Ce qui tord le cou à une croyance très répandue qui consiste à confondre efficacité d’une équipe et efficacité des équipiers.

1.4.1 Product Owner, qui es-tu ?

Le Product Owner est le *leader* de l’équipe.
En tant qu’Agiliste :

- il aime communiquer, il sait lire, écrire, écouter, parler ;
- il recherche et sollicite du feedback, il sait recevoir ce feedback ;
- il choisit la solution la plus simple ;
- il s’améliore ;
- il est présent et engagé.

Le Product Owner

- connaît le processus métier dans lequel s’inscrit le produit dont il est responsable ;
- sait dans quel contexte s’inscrit le développement de ce produit, il aura à déterminer sa valeur métier, elle-même fonction de la valeur stratégique ;
- traduit les objectifs métier en caractéristiques du produit ;
- fait des choix de priorité en fonction de la valeur métier ;
- sait qu’il vaut mieux mettre en exploitation un petit incrément du produit.

Lorsque le Product Owner est issu du domaine technique du produit, il a tout intérêt à se faire aider de personnes qui connaissent le métier : Utilisateur expert par exemple. À l'inverse, un Product Owner qui ne connait pas la technique peut être épaulé par un Analyste fonctionnel.

1.5 Communauté agile

Que ce soit la question de l'expression de besoins ou tout autre sujet en relation à l'agilité, la communauté agile *locale* est une excellente source d'inspiration. Des rencontres entre praticiens - Spécifieurs, Développeurs, Coaches... - sont organisées, de plus en plus au format "open" (forum ouvert), c'est-à-dire qu'il n'y a pas de sujet pré-établi. Une bonne opportunité pour en proposer.

2 Le Club des Chercheurs de Trésors

Bienvenue au Club des Chercheurs de Trésors[1].
Nous allons suivre l'une des aventures du Club : la création de son site Web.

2.1 Exploration

Nous voici en phase exploratoire (sprint 0 pour les Scrumiens). Robert C., le président du Club, rencontre Amanda D., Développeur. Robert explique la situation.

Le Club existe depuis 50 ans. Il est constitué aujourd'hui d'une vingtaine de Chercheurs de Trésors. Les "aventures" (c'est ainsi qu'il nomme les voyages de recherche) coûtent de plus en plus cher et le Club a besoin de sponsors. Or, ces sponsors ne viendront que si le Club est connu. Pourtant, les membres du Club, depuis 50 ans, ont récolté bon nombre de descriptions de trésors. D'où l'idée de créer un site pour relater les aventures des membres, tout autour du monde.

Amanda est Développeur agile.
- Quelles seraient les belles histoires d'utilisation du site que vous aimeriez raconter ? La toute première ? - J"aimerais raconter à mes amis Chercheurs de Trésors qu'un Visiteur du site Web peut lire la description d'un trésor qu'il a cherché et trouvé[2].

---

[1]Librement inspiré du livre "Trésors du monde enterrés, emmurés, engloutis" de Robert Charroux, librairie Arthème Fayard, 1962.

[2]C'est l'histoire "Lire Trésor" dans le backlog.

Ainsi commence l'expression de besoins.
Robert continue ses descriptions d'histoires :
- Du coup, le Chercheur rédige la description du trésor[3].

Ces premiers échanges conduisent Robert et Amanda à envisager deux rôles d'Utilisateurs : le Chercheur qui rédige les informations du site et le Visiteur du site. Ces deux rôles permettent de "sculpter" deux *personas*. Une "persona" est un personnage fictif, utilisateur du produit, décrit par une biographie inventée[4].

La démarche suivie est *ascendante* : elle consiste à généraliser à partir de cas particuliers.

2.1.1 Les Personas du site

Indiana
Indiana est un Chercheur de Trésors, un tantinet aventurier. Il a 45 ans et a passé beaucoup de temps tout autour du monde à rechercher des trésors. Il est autodidacte. L'un de ses "faits d'arme" les plus retentissants fut son périple à l'ile Cocos. Il ne s'embarrasse pas de détails et veut des choses simples, qui vont droit au but. L'écriture tient une bonne place, parmi ses nombreux talents.

[3]Voir l'histoire "Description Trésor".
[4]Voir une description de la pratique dans le référentiel des pratiques agiles.

Indiana : persona Chercheur

Amélie

Amélie surfe sur le Web. Elle utilise intensivement Internet et rêve d'aventures. Elle a fait des études littéraires, complétées par un don de débrouillardise hors du commun. Amélie est amoureuse de l'Amérique du Sud. Elle parle couramment espagnol. Son utilisation du Web lui permet d'intervenir facilement dans les forums et autres sites consacrés à sa passion : l'aventure.

Amélie : persona Visiteur

Après discussion avec un autre Chercheur, Robert imagine et raconte d'autres histoires d'utilisation du site, centrées sur le récit d'aventures.
Ces premiers pas exploratoires induisent deux features :

- Trésors
- Aventures.

2.1.2 Vision

À l'issue de cette période de quelques jours exploratoires, la vision du site s'établit ainsi. Cette vision est certainement amendée au fur et à mesure du développement[5].

[5]Les mindmaps sont obtenues grâce au site https ://bubbl.us/.

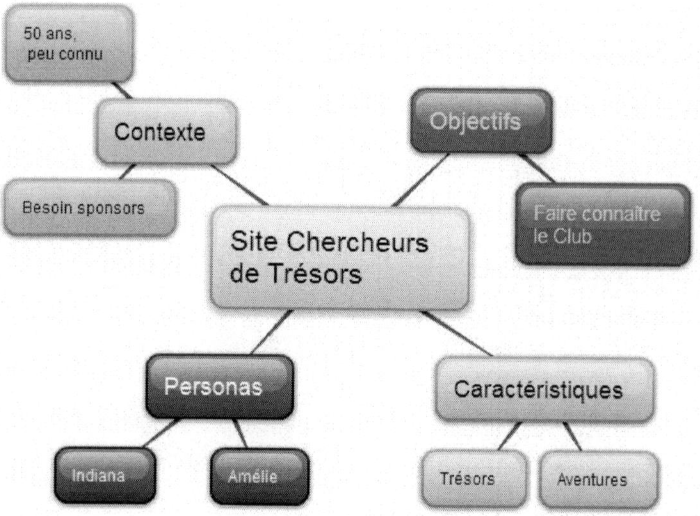

Vision initiale du site Web

La publication des aventures et trésors est une réponse à l'objectif. C'est une hypothèse de travail sur laquelle le Product Owner base son plan. Elle sera à vérifier par un feedback concret et rapide dès que possible.

La feuille de route du site Web est la projection dans le temps des objectifs. Rien n'interdit de poser des "options", des points d'interrogation.

Période	**Objectif**	**Indicateur**
1er semestre 2013	Faire connaitre le site	10.000 Visiteurs / mois
2ème semestre 2013	Sponsoring ?	trois sponsors ?
2014	Budget sponsors	100.000 € ?

2.1.3 Un premier backlog

Robert devient le Product Owner du site.
Le backlog - à ce stade - contient deux features : Aventure, Trésors. La valeur métier de chaque feature est obtenue grâce à un choix cornélien : "et si vous ne deviez retenir qu'une feature...". Par convention (cf valeur métier poker) la valeur la plus haute est 1000 (comme un effort de 1 pour une story facile).
Amanda anime l'atelier.
- Et si tu devais choisir une seule feature parmi "Trésors" et "Aventures", quelle serait cette feature ?
- Au final, je crois que le véritable intérêt est la description des trésors.

Feature	Description	Valeur
Trésors	Histoire des trésors	1000
Aventures	Reportages sur les aventures	900

Notez que ces features sont alignées avec l'objectif du site (cf. Vision) : "faire connaître le Club" car elles l'atteignent grâce aux activités (aventures) et aux connaissances (trésors) du Club des Chercheurs de Trésors ainsi publiées. C'est l'hypothèse du Product Owner, à vérifier au plus tôt par une enquête auprès des Visiteurs, en particulier en surveillant l'indicateur associé à cet objectif.

Voici quelques stories (haut du backlog) décrites sous la forme :
`Nom :: Rôle, description.`
Nous sommes maintenant dans une phase *descendante* : il s'agit de détailler les features, de les raffiner, sans créer un stock inutile de stories.

Backlog de stories

Description trésor
Chercheur, je décris un trésor

Lire trésor
Visiteur, je peux lire une description de trésor

Recherche trésor
Visiteur, je peux rechercher une description de trésor

Détails aventure
Chercheur, je publie régulièrement les détails de mon aventure

Photos
Chercheur, j'ajoute une ou plusieurs photos à mes descriptions de trésors

Calendrier aventures
Chercheur, je publie mon calendrier d'aventures à venir

Amanda estime l'effort nécessaire à la réalisation de ces stories. "Lire trésor" est lourde en terme d'effort de réalisation. Découper la difficulté permet d'obtenir un feedback concret et rapide et facilite la planification.Le Développeur guide ce découpage.
- Que souhaites-tu vérifier lors de l'acceptation de cette story ?
- J'aimerais bien que le Visiteur puisse lire un bref résumé de la description ; puis voir la description complète, y compris les éventuelles photos.
- Au fait, tu peux aussi insérer des vidéos dans la description.

Nous sommes ici au coeur d'une spécification agile, fruit de la collaboration de personnes engagées dans une équipe auto-organisée.
Plusieurs stories sont alors ajoutées.

Visite site
Visiteur, je consulte le résumé de la description du dernier trésor en date affiché sur la page d'accueil du site

Video
Chercheur, je peux ajouter une video à la description d'un trésor ou bien au récit d'une aventure.

Toutes ces stories sont rédigées sur des *post it*. Elles sont affichées au mur, en respectant leur priorité.

2.2 Itération 1

Les stories

- Visite site
- Description trésor
- Lire trésor

forment le contenu de cette itération.

Il est temps de rajouter quelques tests d'acceptation à ces stories sur le point d'être implémentées. Le PO est aidé du Développeur pour les critères à connotation technique (par exemple l'erreur 404[6]).

Tests d'acceptation

```
Visite site : pas d'erreur de type 404
```

```
Visite site : voir le titre du site "Chercheurs de Trésors"
```

[6]Erreur HTTP.

```
Description trésor : vérifier en consultant la base de
données que la description "Trésor des Incas" est bien
mémorisée
```

```
Lire trésor : pouvoir lire le trésor des Incas
directement sur le site
```

Notez que les tests d'acceptation reposent sur des données *précises.*
Les stories sont implémentées et acceptées au fur et à mesure par le PO, **pendant** l'itération. À la fin du sprint, la démonstration est basée sur un scénario qui consiste à montrer la rédaction d'une description de trésor, suivie de la lecture de cette description depuis le site "Visiteurs". Ci-dessous une "copiécran" de cette visite[7].

Les personas ont permis de détecter que l'écrit pouvait jouer une part significative dans le site. Amanda utilisera ces personas pour choisir les illustrations : la question qu'elle se pose est "comment Indiana et Amélie seront-ils satisfaits par le site ?"

[7]Le développement est simulé grâce au CMS français DotClear

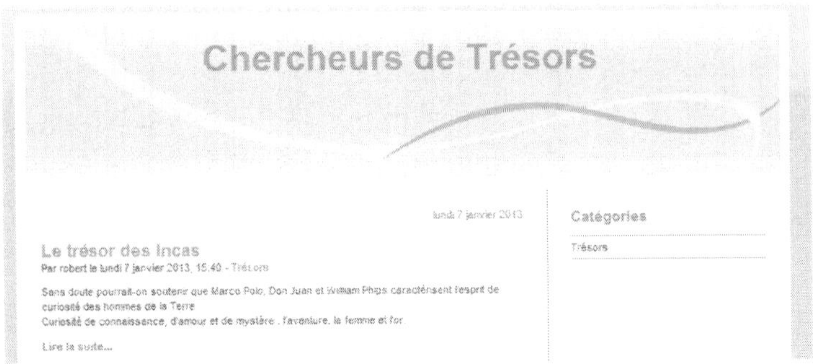

Démonstration, fin de la première itération

Robert (le PO) avait invité quelques membres du Club, miraculeusement présents à cette période de l'année propice aux escapades tout autour de la Terre. Leur feedback est sans appel : l'utilisation du site leur convient, par contre le "look" est "à revoir"... Et vite !

C'est une application du principe agile "fail fast" du développement[8]. Un système "fail fast" a pour propriété de signaler le plus rapidement possible une erreur.

Robert décide alors d'ajouter une nouvelle story :

```
Lire trésor amélioré :: Visiteur, le site suit la charte
graphique du Club
```

Cette nouvelle story impose une définition de charte graphique, ce qui est un exercice tout à fait nouveau pour Robert. Il explique à Amanda qu'il souhaite un look plus élégant. PO et Développeurs s'accordent sur le fait que cette story nécessite des essais car le PO ne peut pas décrire correctement des tests d'acceptation. Cela va être fait dans l'itération suivante.

[8]Voir fail fast. Ici le système en *fail fast* est le développement lui-même.

D'autres stories apparaissent : afficher les infos par "catégorie" : trésor ou aventure, ajouter des liens vers d'autres sites du même acabit, un accès aux archives par année de publication.

Nouvelles stories en fin de première itération

Infos par catégorie
Visiteur, accéder à toutes les infos d'une catégorie

Liens
Chercheur, je peux ajouter un lien vers un site pertinent

Archive
Visiteur, j'ai accès aux infos publiées en fonction de l'année

2.3 Itération 2

Les stories de cette itération :

- Lire trésor amélioré,
- Recherche trésor.

Pendant l'itération, le Développeur propose le "look" suivant au PO. C'est un développement dans le cadre de la story "Lire trésor amélioré".

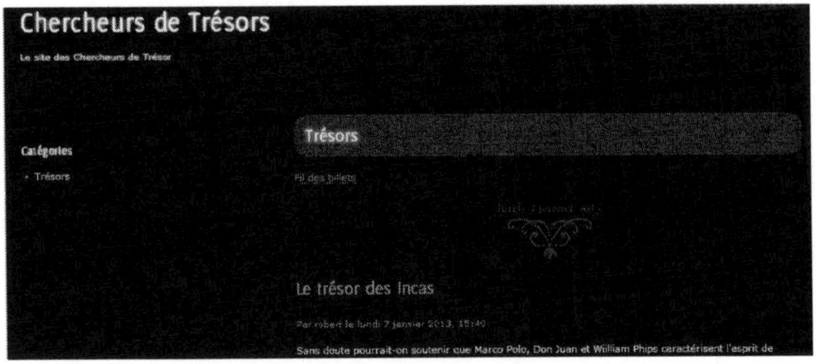

Démonstration, fin de la deuxième itération

Ce graphisme ne reçoit pas l'approbation de Robert. Ce nouvel échec est alors un "déclencheur". Le PO (qui n'avait pas spécialement d'inspiration jusqu'à ce point) propose des pistes : un paysage qui évoque la liberté, un fond clair.

Lors de cette itération, Robert rencontre un éventuel sponsor, une marque de boisson énergétique : "Carré jaune", qui souhaite se forger une image d'aventure. Cette marque sponsorise déjà plusieurs événements exceptionnels, qui ont un retentissement mondial. La cible est souvent un jeune public.
La connexion avec le Club est toute trouvée. Toutefois, le "candidat sponsor" n'est pas convaincu par le site. Il souhaiterait vérifier que le site est suffisamment visité. Robert ajoute donc une feature "Statistiques" pour prouver au sponsor que le site est effectivement visité. La vision est alors amendée.

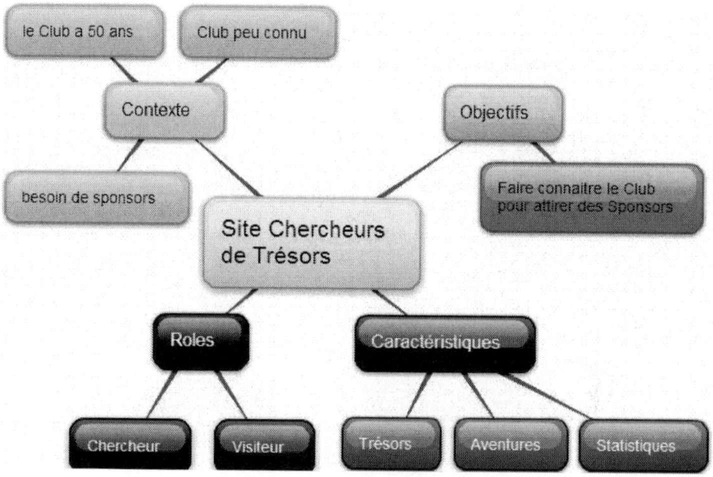

Vision amendée du site Web

Pendant ce temps, Amanda propose un nouveau graphisme. Celui-ci reçoit l'approbation de Robert au milieu de l'itération. En fin de deuxième itération, le backlog des features s'établit ainsi. Au passage, les valeurs métier sont modifiées : désormais, "Statistiques" est la caractéristique à plus forte valeur ajoutée.

Feature	Description	Valeur
Statistiques	Stats détaillées	1000
Trésors	Histoire des trésors	990
Aventures	Reportages sur les aventures	900

À ce stade, le site se présente ainsi[9].

[9]Voir Chercheurs de Trésors

Démonstration, fin de la deuxième itération

Robert, à l'occasion d'un repas de famille où les enfants conçoivent une chasse aux trésors, imagine une évolution du site. Une première personne cache une boite contenant un objet - le "trésor" - et publie sur le site une énigme qui permet à une deuxième personne de chercher ce trésor[10]. Cette chasse aux trésors serait réservée aux enfants. La feuille de route et la vision sont alors amendées pour prendre en compte cette nouvelle caractéristique, particulièrement alignée avec l'objectif du site. La feuille de route est maintenant un peu plus précise.

Période	Objectif	Indicateur
1er semestre 2013	Faire connaitre le site	10.000 Visiteurs / mois
2ème semestre 2013	Public enfants	2.000 clicks ?
"	Sponsoring ?	trois sponsors ?
2014	Budget sponsors	100.000 € ?

Le backlog de features est alors amendé pour tenir compte de ce nouvel objectif. Les valeurs métier sont ajustées.

[10]Ce site existe : sur la piste des cistes

Feature	Description	Valeur
Statistiques	Stats détaillées	1000
Trésors	Histoire des trésors	990
Chasse aux trésors	Liste des boites "trésor"	900
Aventures	Reportages sur les aventures	800

Une première version contenant les features "Statistiques" et "Trésors" apporterait une valeur de 1990.
Une deuxième version - grâce à "Chasse aux trésors" et "Aventures" - ferait passer la valeur à 3690.
Ces valeurs pouraient être comparées aux résultats d'une enquête auprès des Visiteurs et Chercheurs pour vérifier que l'importance relative des features était bien pertinente.

2.4 Et si...

Peut-être, à la lecture de cette étude de cas, vous êtes-vous dit "Tiens, il ne parle pas de stats dès le départ, pourtant c'est tellement évident !"
ou bien encore
"Mais quand même, c'est le rôle du Développeur ou plutôt d'un Web Designer de proposer un graphisme...".
Évidemment.
Si ce n'est que dans la vraie vie les choses ne sont pas parfaites, du moins au sens que nous donnons à cet adjectif.
La valeur agile

> L'adaptation au changement plus que le suivi d'un plan (Manifeste agile)

est renforcée par **l'acceptation de la réalité**.

À Robert Charroux,
qui entr'ouvrait les portes d'autres mondes.

3 Agile ?

Une expression de besoins non agile s'inscrit dans un plan - souvent conforme à un cycle en V - qui se caractérise par :

- une grosse spécification du début[1]
- peu ou pas de communication directe entre Spécifieur et Développeur du produit,
- une difficulté à changer en cours de développement,
- une seule version mise en exploitation en fin de projet : impossibilité de rectifier le tir. C'est l'effet tunnel[2] et son lot de surprises, bonnes ou mauvaises.

Cette approche se traduit par un taux d'échec important dans les projets de développement de logiciels[3].

Le développement en spirale, le lotissement, les maquettes et autres prototypes en phases de spécification et conception sont autant d'évolutions du cycle en V dont le but est d'obtenir un feedback plus rapidement.

L'agilité[4] repose sur des valeurs et principes différents.

- Au postulat du *processus* qui est supposé parfait et devant anticiper et résoudre tous les problèmes, l'agilité répond en misant sur les personnes et leurs interactions.

[1]Référence à la "grosse conception du début" : Big Design Up Front (BDUF). C'est la phase de conception d'un cycle en V. Voir aussi Big Requirements Up Front.

[2]L'effet tunnel est une métaphore : aucune lumière dans le tunnel, il faut en être sorti pour "voir" enfin.

[3]Voir par exemple cet article : La gestion de projet : peut mieux faire. Voir aussi Le Standish Group nous aurait-il trompés ?.

[4]l'Agilité est historiquement définie en 2001 par le Manifeste Agile.

- De même, à une documentation exhaustive, l'agile privilégie un logiciel opérationnel, c'est-à-dire un "feedback concret et rapide".
- Au suivi strict d'un plan figé au départ et totalement prédictif, un Agiliste préfère accueillir les changements et adapter le plan si nécessaire. Un plan Agile (y compris l'expression de besoins) est à la fois prédictif sur certains aspects (par exemple le calendrier des mises en exploitation) et adaptatif sur d'autres (par exemple le contenu d'une version).
- Au principe de la "grosse spécification du début", l'agile répond par des "spécifications émergentes".

3.1 Livrer fréquemment et régulièrement

3.1.1 Retour sur investissement plus rapide

Si une planification classique "cycle en V" est basée sur "la grosse mise en exploitation" en fin de projet, une planification agile se caractérise par **plusieurs mises en exploitation**. Une nouvelle version du logiciel est mise en production (installée sur la machine de production) et mise en exploitation : les Utilisateurs y ont accès.
Les retours d'information des versions mises en exploitation constituent le véritable feedback concret du produit. Ils permettent de "rectifier le tir" alors qu'il est encore temps, avant que le projet ne soit terminé.

Supposons un produit actuellement en exploitation, en version

1.3.
Un projet de développement ajoute des fonctionnalités.
Les différentes versions mises en exploitation lors de ce projet d'évolution pourraient porter les numéros suivants : 2.1, 2.2, 2.3. Cette stratégie de "versions fréquentes" induit une expression de besoins adaptée.

Si l'agile se caractérise par plusieurs mises en exploitation à un rythme soutenu[5], chaque itération ne se solde pas nécessairement par une évolution en production. Parfois, le nouvel incrément est simplement installé sur une machine de validation (et utilisé par des Utilisateurs pilotes). Ou bien ce nouvel incrément reste dans l'équipe projet. Dans ce cas, l'équipe ne bénéficie pas du feedback concret des Utilisateurs sur la machine de production.

Une mise en exploitation permet d'une part un début de retour sur investissement, d'autre part la possibilité de rectifier les spécifications et la solution technique grâce au **feedback** (ou rétroaction) concret et rapide[6] obtenu par une exploitation effective du produit, de la part des Utilisateurs et des Opérationnels (les personnes qui développent et celles qui les opèrent, c'est-à-dire qui assurent leur exploitation). .
La valeur métier apportée par le logiciel constitue le début de retour sur investissement.

---

[5]Voir les principes du Manifeste agile.

[6]« Feedback concret et rapide » est un principe de l'Extreme Programming, dès 1999.

3.1.2 Feedback concret et rapide

Un exemple typique de feedback est la bande vibrante qui délimite la "Bande d'Arrêt d'Urgence" (BAU) d'une autoroute[7]. Elle fournit un feedback suffisamment rapide. En cas de déviation de trajectoire, ce feedback avertit le conducteur qui rectifie alors sans dommage. Lorsque cette bande vibrante n'existe pas, une déviation n'est pas perçue et les dégâts peuvent être considérables.
La démonstration à la fin d'une itération[8] constitue l'un de ces feedbacks concrets et rapides, typiques de l'agilité[9].
La BAU existe pour donner du feedback au conducteur. Encore faut-il que cette information en retour soit perçue. Pour cela, le feedback de la bande vibrante utilise les trois canaux sensoriels principaux et complémentaires :

- Visuel : voir que la voiture "mord" sur la bande
- Auditif : la bande vibrante est conçue pour provoquer un bruit dans l'habitacle
- Kinesthésique : les vibrations sont perçues par le corps.

Une personne peu sensible à la vue pourrait être plus réceptive sur le kinesthésique. Dans tous les cas, le feedback a plus de chance d'être effectivement perçu.

Une équipe agile bénéficie de nombreux feedbacks. Management visuel et communication orale marient deux canaux sensoriels

[7]Kent Beck utilise cet exemple dans "Extreme Programming Explained" de 1999.
[8]L'itération est nommée "sprint" dans la méthode Scrum.
[9]Claude Aubry décrit la revue de sprint.

importants en relation à ces feedbacks. De plus, la manipulation des post-it (stories, tests, activités...) fait appel à l'aspect kinesthésique. L'agilité joue donc sur ces trois canaux sensoriels : visuel, auditif, kinesthésique, ce qui renforce la communication.

Donner, recevoir du feedback : d'une demande de précision à une suggestion d'amélioration, la palette de feedbacks est immense. Au-delà du feedback spontané, la sollicitation s'exprime en questions fermées - appréciez-vous cette fonctionnalité ? - ou bien ouvertes - que faudrait-il pour que le produit soit plus ergonomique ?

Le diagramme ci-dessous (Extreme Programming sur Wikipedia en anglais[10]) montre les différentes boucles de feedabck de l'Extreme Programming, depuis "binôme" jusqu'à la mise en exploitation d'une version.

---

[10]http://en.wikipedia.org/wiki/Extreme_programming

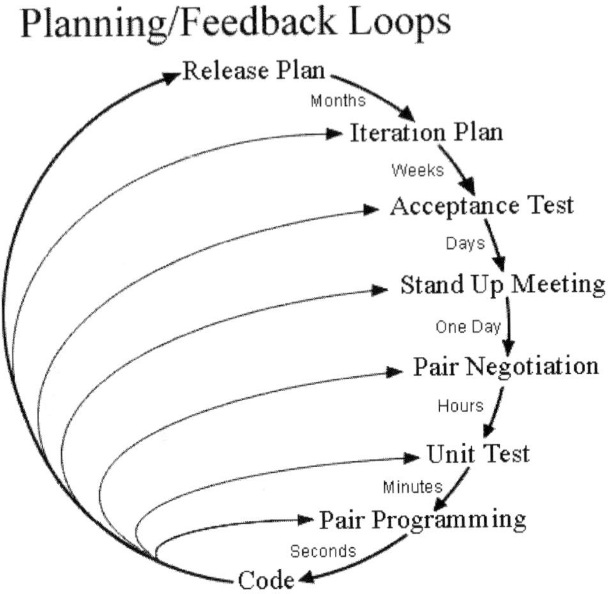

Les boucles de feedback dans l'Extreme Programming

Ce schéma[11] démontre que le feedback est intensivement utilisé en agilité.

Le feedback - une action décidée grâce à un retour d'information - intervient jour après jour dans le développement. Au quotidien, inutile d'attendre la fin d'une itération pour tester, accepter ou refuser une user story[12]. À ce stade, une user story est un petit bout de fonctionnalité, la *narration* d'une brève utilisation du système. Par exemple :

---

[11]Voir le détail des différentes pratiques citées dans le schéma sur le site du Référentiel agile de l'Institut agile.

[12]Les concepts (story…) sont détaillés dans les chapitres suivants.

```
Je peux ajouter un coupon de réduction à mon panier
d'achats
```

Cette pratique agile : *versions fréquentes*[13], est une mise en oeuvre du principe agile suivant.

> Notre plus haute priorité est de satisfaire le client en livrant rapidement et régulièrement des fonctionnalités à grande valeur ajoutée. Manifeste agile[14]

Il ne s'agit pas simplement de livrer fréquemment un incrément du produit logiciel. Chaque nouvelle version offre des fonctionnalités qui sont autant de vecteurs de *valeur ajoutée* (valeur métier) pour les Utilisateurs.

> Accueillez positivement les changements de besoins, même tard dans le projet. Les processus Agiles exploitent le changement pour donner un avantage compétitif au client. Manifeste agile

En résumé, livrer fréquemment et régulièrement pour :

1. un (début de) retour sur investissement plus rapide,
2. un feedback qui permet de rectifier le produit alors qu'il est encore temps.

---

[13]"Versions fréquentes" est une pratique de l'Extreme Programming.

[14]Lire le Manifeste agile (les 12 principes agile) : http ://agilemanifesto.org - et surtout les principes - est une excellente introduction à l'expression de besoins agile.

3.2 Communication directe

Une autre évolution essentielle en agilité est la communication directe entre Spécifieurs et Développeurs.

> Les utilisateurs ou leurs représentants et les développeurs doivent travailler ensemble quotidiennement tout au long du projet. Manifeste agile

C'est une différence - avec l'approche traditionnelle - à garder à l'esprit : l'expression de besoins agile repose sur l'écrit **et** l'oral. Les *user stories* sont des histoires qui se racontent.

> La méthode la plus simple et la plus efficace pour transmettre de l'information à l'équipe de développement et à l'intérieur de celle-ci est le dialogue en face à face. Manifeste agile

3.3 Spécifications émergentes

De façon *a priori* paradoxale **l'utilisation du produit améliore sa spécification.** L'agilité est basée sur l'empirisme : "apprendre à faire en faisant".

"Spécification émergente" est un principe issu du Manifeste agile :

> Les meilleures architectures, spécifications et conceptions émergent d'équipes auto-organisées. Manifeste agile

L'auto-organisation favorise l'émergence de meilleures spécifications. La liberté d'organisation autorise des innovations qui, sans elle, seraient restées à l'état de gaspillage.

> L'émergence est un concept qui intervient lorsque des systèmes simples interagissent en nombre suffisant pour faire apparaître un certain niveau de complexité qu'il était difficile de prévoir par l'analyse de ces systèmes pris séparément[15].

Attention, cela ne signifie pas que les développements démarrent « de zéro ». Une phase exploratoire[16] permet de former un premier périmètre fonctionnel. Simplement, ce périmètre, en agilité, est censé évoluer en fonction de changements, en particulier induits par un feedback issu de l'utilisation effective du produit. L'auto-organisation de l'équipe - son autonomie - favorisent :

- l'intelligence collective,
- une meilleure compréhension du feedback des Utilisateurs,
- les propositions d'amélioration.

3.4 Amélioration continue

L'émergence des spécifications traduit une amélioration du produit. Autrement dit, le logiciel s'améliore par adaptation aux changements inhérents à son contexte. De plus, le feedback offert

---

[15]Définition de l'émergence.

[16]Appelé parfois *sprint 0* dans la méthode Scrum.

par les cycles courts induit une rectification. Cette amélioration du produit se reflète dans les besoins. C'est l'émergence des spécifications.

Par ailleurs, l'amélioration continue est celle des *pratiques* selon le 12ème principe agile :

> À intervalles réguliers, l'équipe réfléchit aux moyens de devenir plus efficace, puis règle et modifie son comportement en conséquence. Manifeste agile

Autrement dit, c'est à l'équipe - les Spécifieurs, les Développeurs, les Testeurs... - de s'organiser et s'améliorer afin de créer et faire évoluer les pratiques d'expression de besoins, à partir des propositions agiles : user stories, vision... L'une des améliorations typiques est celle du niveau de détail des user stories. En effet, c'est la pratique qui permet de préciser, peu à peu, la quantité de détail nécessaire à une bonne compréhension de la part des Développeurs. La communication est également objet d'amélioration : comment mieux dialoguer, répondre rapidement...

3.5 Planification agile

Une planification classique se caractérise par des activités (plus ou moins détaillées) projetées dans le temps. Un plan issu du "cycle en V" est un avatar typique de cette planification. Dans une approche agile, ce sont les éléments d'expression de besoins qui sont répartis dans les unités de temps (itération, version) selon leur *priorité* et non pas des activités spécifiques.

La valeur métier (importance d'un besoin pour l'Utilisateur) n'est pas la priorité. La valeur est un attribut "intrinsèque" du besoin. La priorité est - quant à elle - une caractéristique de la planification. Elle dépend de plusieurs facteurs. Ici, il s'agit de *priorité relative* entre éléments d'expression de besoins. Être agile suppose donc une certaine capacité à prioriser ces éléments, les uns relativement aux autres.

```
priorité = fonction(valeur métier, diminution de risque,
effort, précédence...);
```

Selon cette formule, la priorité dépend de plusieurs paramètres. Le temps - l'avancement dans le développement - modifie les valorisations de ces paramètres, en particulier la valeur métier.

- Valeur métier : la priorité dépend avant tout de l'importance pour l'Utilisateur de l'élément considéré. Toute autre chose égale par ailleurs, la priorité la plus élevée correspond à la valeur métier la plus importante,
- Risque : un élément peut devenir prioritaire car il permet de diminuer, voire éliminer, un risque sur le produit (métier, risque technique, humain...),
- Effort : l'effort nécessaire pour implémenter un besoin peut être un critère, par exemple commencer par le plus facile afin de gagner en expérience (relation Développeur/Spécifieur...)
- Précédence : implémenter une user story avant l'autre peut être pertinent ; si les stories sont en principe indépendantes, il existe parfois un ordre logique qui facilite le développement et la validation.

Cette liste n'est pas exhaustive. À chaque équipe de créer sa propre "fonction priorité".

3.6 Acceptation

L'acceptation est aussi un changement sensible par rapport à une approche non agile.
Accepter un besoin consiste à juger que *le produit* (contenant l'implémentation de ce besoin) peut être exploité. Autrement dit, l'implémentation est terminée et aucun effet de bord (non régression) n'a été constaté.
Les tests d'acceptation sont des composants d'une user story, à ce titre ils participent à l'expression de besoins.
Ces tests sont un bon moyen de se forger une opinion quant à l'acceptation du logiciel.
Un test d'acceptation est aussi prétexte à discussion : il permet une meilleure compréhension du besoin, un partage entre Spécifieur et Développeur.

```
La spécification est "La couleur de fond du bouton est DarkOliveGreen2 quand l'Utilisateur est un VIP;"
```

```
Le test est "Verifier que la couleur du bouton est DarkOliveGreen2 quand l'Utilisateur est un VIP;"
```

Dans ce cas, nous écririons simplement le test, qui fait office, *ipso facto*, de spécification et de critère d'acceptation. La spec est remplacée par le test.

Attention à un point important : les tests d'acceptation sont utilisés quotidiennement, ce ne sont pas des "tests de recette" : ils sont passés plusieurs fois pendant le développement afin d'éviter un effet tunnel.

3.7 Expression de besoins agile : multi-fonction

Ainsi, un élément d'expression de besoins permet de :

- Spécifier : c'est la nature même de l'élément
- Planifier : c'est la projection dans le temps de l'élément
- Accepter : un test est une expression de besoin qui évalue la qualité de l'implémentation.

L'expression de besoins doit ainsi *s'adapter* à son nouveau rôle de planification : le Spécifieur - le Product Owner - pense tout autant en terme de besoin qu'en terme de planification et acceptation. C'est cet aspect “multi-fonction” de l'expression de besoins qui conduit parfois à découper des éléments jugés trop gros pour être utiles à la planification.
En contre-partie, la duplication des informations est évitée : pas de “doublon” entre ce qui est écrit dans un dossier de spécifications et un cahier de recettes.

4 Les niveaux d'expression de besoins agile

L'expression de besoins agile se situe à plusieurs niveaux, plus ou moins détaillés. À chaque niveau correspond une planification qui est une *projection dans le temps* des besoins exprimés.

4.1 La vie du produit

Si la durée de vie d'un logiciel est extrêmement variable, de quelques minutes à plusieurs décennies, elle s'établit généralement à plusieurs années. L'expression de besoins agile s'inscrit dans cette *chronologie*, constituée de différentes phases. Les phases du produit constituent sa **feuille de route**, pluri-annuelle. Une phase est planifiée en **versions**, elles-mêmes découpées en **itérations**.

Français	Anglais
Feuille de route	Roadmap
Version	Release

4.1.1 Durée de vie : plusieurs années

Voici un exemple de feuille de route de produit. Chaque phase (de produit) contient plusieurs versions.

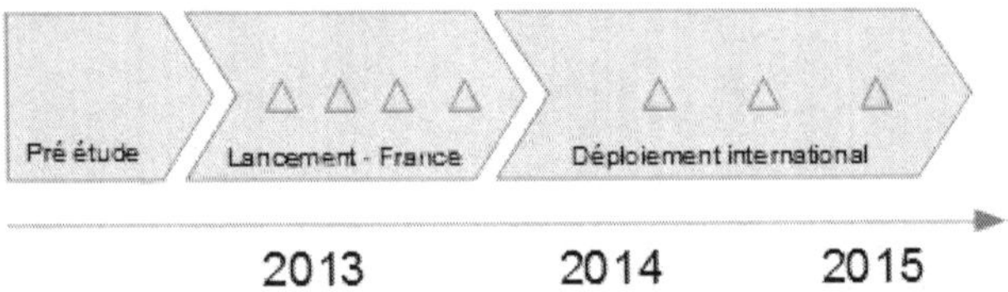

Phases et versions

Ici, la phase de lancement peut être vue comme une période dans laquelle les sites concernés sont "pilotes". Cette phase est constituée de quatre versions dans ce schéma. La planification des phases dépend de nombreux facteurs : sites et personnes concernés, fonctionnalités, contraintes réglementaires... Ce sont les *objectifs* du produit[1] qui guident la mise au point de ses différentes phases. Cette projection des objectifs dans le temps dépend entr'autres du feedback concret obtenu grâce à l'utilisation du logiciel.

4.1.2 Projet et maintenance

Une phase de produit se concrétise généralement en périodes alternées de "projet" et "maintenance". Ce découpage est fonction de l'organisation : budget seuil, équipes... Du point de vue de l'Utilisateur, une nouvelle mise en exploitation (nouvelle version ou correctif) constitue un changement du produit, que ce changement soit obtenu par "projet" ou pas.
Cette dichotomie - solidement ancrée dans les organisations - est due à la primauté de règles comptables[2], artificielles en regard de

---

[1]Le terme "objectif" correspond à l'un des concepts présentés ici : évolution, objectif, feature, user story.

[2]Voir par exemple Immobilisation et amortissement

la vie du produit et de son usage.

4.2 Plusieurs niveaux de plans

Voyons dans un premier temps les différents niveaux de plans. Nous en déduirons alors les niveaux d'expression de besoins.

4.2.1 Schéma directeur

Ces différents niveaux (feuille de route, plan de versions, plan d'itérations) s'inscrivent plus généralement dans le *plan directeur* du système d'information[3]. Et à ce niveau, ce sont des **évolutions du Système d'Information** (SI) qui constituent les éléments d'expression de besoins.

L'équivalent d'un schéma directeur chez un éditeur de logiciels est le plan pluri-annuel de la gamme de produits.

4.2.2 Phase Produit

Chaque phase (le "phasing" du produit) s'inscrit dans une étape du cycle de vie du produit[4]. Plus précisément, une phase est liée à des *objectifs* assignés au logiciel, en conformité avec les enjeux de l'organisation.
Ici, il s'agit de phase du produit, pas de phase d'un cycle projet. Le terme "phasing" représente une phase produit dans la suite du chapitre.

---

[3]Schéma directeur informatique, journal du net)

[4]Voir par exemple Le cycle de vie d'un produit.

Un phasing peut être caractérisé également par un déploiement spécifique. Par exemple un produit déployé pour une population donnée puis plus tard adapté à d'autres types d'Utilisateurs. Un phasing est constitué d'une ou plusieurs versions et répond à des objectifs spécifiques.

4.2.3 Version

Une version est constituée de caractéristiques (les *features*) fonctionnelles et non fonctionnelles. D'une version à l'autre, il y a ajout de fonctions (aspect incrémental du produit) ou bien raffinement d'une fonction existante (aspect itératif du développement de la fonction). Une version est constituée d'une ou plusieurs itérations ou cycles de développement.

Le terme "version" recouvre donc deux définitions :

- Version au sens "produit mis en exploitation", la version caractérise le contenu du produit
- Version au sens "boite de temps" qui permet de fabriquer le contenu ci-dessus.

4.2.4 Itération

Cette petite "boite de temps" permet un feedback plus concret et rapide du développement. Elle a pour objectif la finalisation de petites interactions (les stories), selon la *définition de fini* (l'ensemble des critères qui permettent de déclarer "terminé" un développement). Autrement dit, une itération produit un *incrément* du produit.

Notons tout de suite qu'une itération offre plus qu'un nouvelle version du produit : également une nouvelle version des différents *artefacts* de pilotage (backlog du produit...).

Basée sur une pratique d'ingénierie capitale : l'intégration continue, l'itération permet de détecter rapidement d'éventuels défauts et donc de les rectifier "à temps". L'intégration continue est essentielle car elle autorise le passage systématique de tests d'acceptation, qu'ils soient automatisés ou non. Autrement dit, l'objectif est d'éviter un stock trop important de logiciel non intégré, non validé donc potentiellement entâché de défauts.

4.3 Proposition de niveaux d'expression de besoins

Chaque temporalité du produit logiciel se caractérise par un niveau d'expression de besoins plus ou moins détaillée.

Un élément	est projeté en	dans	Rythme
Évolution SI	Projet	Schéma directeur	Annuel/Semestriel
Objectif (vision)	Phasing	Feuille de route	Semestriel/Trimestriel
Feature	Version	Plan de versions	Trimestriel/Mensuel
Story	Itération	Plan d'itérations	Hebdomadaire/Journalier

Le rythme de chaque élément est adapté en fonction du contexte de l'organisation.
Il existe un cinquième niveau de planification, à l'intérieur de l'itération, qui est celui des tâches de réalisation. Ce niveau est planifié en termes d'actions de réalisation telles que conception, programmation, tests et non pas en terme d'expression de be-

soins[5]. L'objectif principal de la réunion quotidienne - Stand Up Meeting ou Daily Scrum Meeting - est l'auto-organisation de l'équipe dans la réalisation de ces tâches.

4.3.1 Évolution du Système d'Information

Une évolution du Système d'Information (S.I.) peut être

- Le déploiement d'une nouvelle solution,
- L'amélioration ou adaptation d'une solution existante,
- Le retrait d'une solution (qui peut donner lieu à archivage des données par exemple).

Ces évolutions se concrétisent en *programmes* (ensemble de projets liés), *projets* ou *activités de maintenance* selon leur importance.

4.3.2 Les objectifs assignés au produit

La vision d'un produit (attention à ne pas confondre avec une charte projet[6]) permet de situer ce produit dans l'organisation et surtout lui donne un sens. Elle devrait fournir le contexte, les **objectifs**, les principales caractéristiques du produit logiciel, de façon concise. Autrement dit, la vision exprime **la raison d'être** du produit. La charte projet est spécifique du projet, pas du produit.

---

[5]Ne faisant pas partie de l'expression de besoins, les tâches ne sont pas étudiées dans ce livre.

[6]Voir par exemple Charte de projet.

Les objectifs sont qualitatifs et/ou quantitatifs. Dans tous les cas, ils devraient être munis d'indicateurs permettant de vérifier qu'ils ont été - ou non - atteints.

4.3.3 Feature

Une *feature* ou caractéristique du produit a du sens pour un Utilisateur et lui apporte plus ou moins de valeur. Concrètement, une feature est une fonctionnalité ou bien un besoin non fonctionnel typique (par exemple : être disponible sur SmartPhone ou bien précision d'un calcul).
Une feature est liée à la version dans laquelle elle est implémentée et mise en exploitation. À ce titre, est est une nouveauté de la version (produit incrémental) ou bien un raffinage d'une fonctionnalité déjà présente dans le produit (itératif sur cette feature).

4.3.4 User Story

La user story est probablement l'élément d'expression de besoins agile le plus connu. Elle constitue - munie de ses tests d'acceptation - le niveau le plus précis. Un format classique est

```
En tant que [rôle] je peux [interaction] afin de [bénéfice attendu].
```

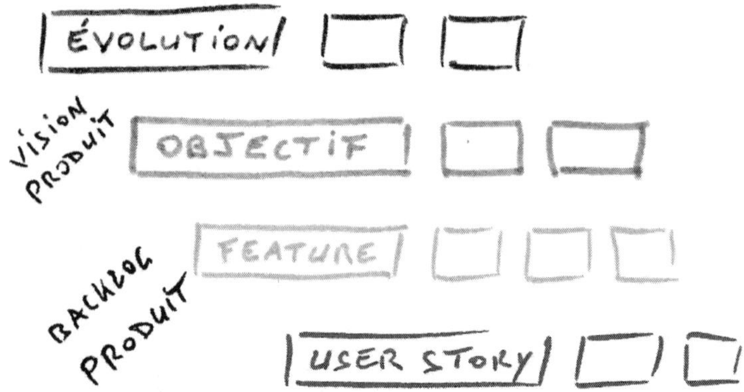

Niveaux d'expression de besoins

Un **backlog** est une liste (généralement ordonnée selon un certain critère) de choses à faire (qui ont du sens pour l'Utilisateur). Dans ce schéma, une *évolution* (dans le backlog d'évolutions) est raffinée en *objectifs* dans la "vision" du produit correspondant. Ces objectifs sont implémentés en caractéristiques ou *features*. Une feature est détaillée en *stories*. Features et stories constituent le backlog du produit.
Un backlog est constitué de quelques dizaines d'éléments maximum afin de respecter le principe agile "peu de stock".

4.4 Similarités entre niveaux

4.4.1 Backlog

Chaque élément fait partie d'une "liste des choses à faire".

Nous devrions donc obtenir :

- Le backlog d'évolutions, au niveau du portefeuille du service ou de la DSI,
- Le backlog d'objectifs associé à la vision du produit qui implémente l'évolution,
- Le backlog de caractéristiques - features - qui raffinent la vision,
- Le backlog de user stories qui raffinent une feature (features et stories pouvant être consignées dans le même backlog).

Si un élément de niveau plus détaillé "raffine" un niveau plus grossier, la démarche suivie peut être tout autant descendante (du général au particulier) qu'ascendante.

4.4.2 Attributs de planification

Quel que soit son niveau, un besoin est qualifié par des attributs qui permettent de le planifier. En particulier :

Attribut "Valeur Métier"
La valeur métier est l'importance, l'intérêt qu'a ce besoin, du point de vue de l'Utilisateur. De même que le coût, cette valeur peut être exprimée en plusieurs unités : en euros ou bien en points de valeur relatifs. Voir le chapitre Valeur métier.

Attribut "Coût"
Qu'il soit exprimé en euros, en jours, semaines ou mois ou bien encore en points d'effort ou de difficulté relatifs, le coût est

un élément nécessaire à la planification[7]. L'effort ne représente pas uniquement la *complexité*. La "volumétrie" du besoin est également prise en compte : une information comportant vingt données simples demande plus d'effort qu'une information ne comportant que cinq données.

Voir le paragraphe "Planification agile" pour plus d'informations.

4.4.3 Juste à temps

Chaque élément d'expression de besoins suit le principe : **précis à court terme, grossier à long terme**. Ce qui correspond au principe Lean de "Juste à temps"[8]. Attention : "imprécis à long terme" ne signifie pas "inutile". Il peut être utile de définir des éléments grossiers à plus long terme (par exemple quelques grosses stories pour la fin d'une release), cela donne "le cap" de la release. Ainsi, des informations en relation avec ce cap seront retenues. Sans cela, elles passeraient inaperçues car elles ne seraient pas jugées pertinentes. De plus, ces éléments grossiers permettent d'estimer le "reste à faire".

4.4.4 Niveaux intermédiaires

Selon sa maturité, un élément d'expression de besoins est non seulement grossier, il est aussi trop "lourd" en terme de coût pour être raisonnablement planifié. Le besoin étant exprimé "juste à

[7]Toutefois, certaines équipes assignent simplement un coût de 1 à chaque story et la vélocité est alors le nombre de stories qu'il est possible de terminer dans un cycle ou itération. Ce sont des stories équivalentes en termes d'effort. Plus précisément, les différences d'effort sont "absorbées" par la quantité d'éléments.

[8]Lean.

temps", il peut être légitime de conserver des éléments sans les préciser davantage.

Les termes suivants sont utilisés dans ce livre pour décrire ces éléments qui nécessiteront un découpage plus fin.

- Thème : c'est une feature plus lourde que les autres, voire un ensemble de features,
- Epic : idem au niveau d'une story.

Ces termes ne sont pas (à ce jour : fin 2012) standardisés. D'autres définitions peuvent donc exister, par exemple "epic" pour une grosse feature. Toutefois, ce terme d'epic existe pour désigner une grosse story depuis plusieurs années.

5 Communiquez !

La communication est un élément déterminant : une véritable expression de besoins agile fonctionne lorsque la communication entre Spécifieur et Réalisateur est effective : une vision de produit s'élabore grâce aux discussions, aux échanges entre les différentes parties prenantes.. De même, ce sont les discussions ("conversations") qui précisent une story.
Si les documents écrits (vision, backlog, tests) sont nécessaires, ils ne sont pas suffisants dans une démarche agile.

5.1 Pas si facile...

La communication a quelque chose de paradoxal. Elle semble si accessible : partager une même langue[1]. Pourtant, elle reste un véritable défi, tant elle est sujette à des difficultés parfois inconscientes. La communication orale fait partie de ces choses qui semblent "aller de soi" et qui, du coup, sont rarement enseignées, travaillées, tout comme la tenue d'une réunion par exemple. Pourtant, une formation à la communication[2] serait peut-être une étape préliminaire, avant d'envisager une approche agile. Ou bien une action issue d'une rétrospective.

Entre
Ce que je pense,

[1]Partager une même langue ne signifie pas "partager le même sens des mots", une langue commune est largement insuffisante (sans compter les questions de culture propre à chaque territoire).

[2]La Communication Non Violente (CNV) est une façon pertinente d'envisager la communication au sein de l'organisation. Citons également la Process Communication.

> Ce que je veux dire,
> Ce que je crois dire,
> Ce que je dis,
> Ce que vous avez envie d'entendre,
> Ce que vous croyez entendre, Ce que vous entendez,
> Ce que vous avez envie de comprendre,
> Ce que vous croyez comprendre,
> Ce que vous comprenez...
> il y a dix possibilités qu'on ait des difficultés à communiquer. Mais essayons quand même...
> Bernard Werber

Cela se traduit en erreurs d'interprétation, non-dits, confusions... Mais des freins plus puissants encore viennent perturber la communication.

5.1.1 Ignorance pluraliste

L'ignorance pluraliste[3] est l'un des dysfonctionnements[4] de la communication les plus préjudiciables à l'expression de besoins.

> ... Parce que tous ceux qui ne sont pas d'accord se comportent comme s'ils l'étaient, tous les membres dissidents pensent que la norme est approuvée par chaque membre du groupe sauf eux. Cela renforce à son tour leur volonté de se conformer à la norme du groupe, et de n'exprimer aucun désaccord. *Wikipedia*

[3]https://en.wikipedia.org/wiki/Pluralistic_ignorance

[4]Voir aussi cette définition (moins fournie) en français : ignorance pluraliste.

Le paradoxe d'Abilene[5] est une autre façon de décrire ce dysfonctionnement de la communication[6].

Voici un exemple réel : une session d'expression de besoins. Chaque participant propose un besoin. L'animateur prend soin de demander quelle est la raison d'être de ce besoin. Voici - textuellement - une réponse entendue plusieurs fois.

> Ce n'est pas un besoin pertinent pour moi, mais j'ai pensé que cela serait utile à d'autres.

Ce problème apparaît aussi dans l'échange entre Spécifieur et Développeur : ne pas soulever une incompréhension car personne d'autre ne la soulève. Nous retrouvons ici la valeur *courage* de l'agilité : avoir le courage de dire "je ne comprends pas", ce qui suppose un premier courage : en prendre conscience[7].

5.1.2 La dictature des minorités

Voici un autre problème lié à la communication : la dictature des minorités. L'influence : un cache misère qui montre qu'on ne comprend rien à la valeur[8]. La minorité dictatoriale - toutes les minorités ne sont pas dictatoriales ! - impose des choix non adaptés et annihile toute vélléité d'expression des autres parties prenantes. Or, spécifier un nouveau produit devrait laisser place

---

[5]https://en.wikipedia.org/wiki/Abilene_paradox

[6]Merci à Laurent Bossavit qui m'avait appris l'existence de ce "paradoxe" alors que nous parlions d'ignorance pluraliste. Sylvaine Pascual parle aussi de ce paradoxe.

[7]Voir aussi Les décisions absurdes de Christian Morel.

[8]http://www.duperrin.com/2012/11/12/linfluence-un-cache-misere-qui-montre-quon-ne-comprend-rien-a-la-valeur/

à l'innovation, la nouveauté et surtout éviter le gaspillage qui consiste à ignorer/interdire l'apport de toutes les personnes engagées dans le produit. Le Manager peut être dictatorial, tout comme un Développeur (par exemple un Architecte) qui impose ses choix techniques sans aucune concertation ni consentement.

5.1.3 Milgram, Asch : des expériences troublantes

Stanley Milgram[9] et Solomon Asch[10] ont conduit des expériences destinées à démontrer le poids de la soumission à l'autorité. Comment innover si la règle est le conformisme, l'obéissance aveugle ? Une autorité prégnante déresponsabilise. Il en ressort qu'un Spécifieur devrait se sentir **en confiance**, responsabilisé, pour innover[11].

> L'expérience de Milgram est une expérience de psychologie réalisée entre 1960 et 1963 par le psychologue américain Stanley Milgram. Cette expérience cherchait à évaluer le degré d'obéissance d'un individu devant une autorité qu'il juge légitime et à analyser le processus de soumission à l'autorité, notamment quand elle induit des actions qui posent des problèmes de conscience au sujet. Wikipedia

> L'expérience de Asch, publiée en 1951, est une expérience du psychologue Solomon Asch qui démontre

[9] Expérience de Milgram

[10] Expérience de Solomon Asch

[11] Apprendre à dire « Non » et ... savoir dire « Oui ».

le pouvoir du conformisme sur les décisions d'un individu au sein d'un groupe. Wikipedia

5.2 Heureux qui communique[12]

Voyons maintenant quelques pratiques qui aident à la communication.

5.2.1 Prise de décision

Si les méthodes agiles définissent une figure unique de "Spécifieur"

- Product Owner de Scrum
- Product Manager de l'Extreme Programming
- Analyste métier du Processus Unifié agilisé
- ...

Il reste que la spécification est le résultat (soumis à changement par feedback) d'échanges entre personnes impliquées côté "Utilisateur" et même entre Spécifieurs et Développeurs. Se pose alors la question de la prise de décision : que signifie ce besoin, est-il pertinent dans le backlog ? Sans parler de la planification agile.

Le collège de Spécifieurs - les personnes jouant ce rôle, quel que soit leur statut hiérarchique - peut imaginer un protocole plus ou moins formel tel que

[12]Cette expression est de Jacques Salomé : Heureux qui communique. Notez aussi du même auteur : Anti-charte de vie relationnelle dans mon travail.

- décision unilatérale d'un Spécifieur pour ce qui est tactique
- décision par consentement du collège pour ce qui relève plus du stratégique[13].

Ici, le terme *consentement* correspond à ce que propose la sociocratie[14].

> Il y a consentement quand personne n'a d'objection importante et raisonnable. Quand une objection est émise dans un groupe sociocratique, la personne qui a émis l'objection et les autres membres du groupe travaillent ensemble à la lever. S'ils y arrivent la décision est prise ; sinon un processus d'escalade dans la structure de l'organisation évite le blocage.
> *Wikipedia*

Une prise de décision est une prise de risque. Dans cet ordre d'idée, les cycles courts de l'agilité (à commencer par les versions fréquentes) diminuent structurellement les risques inhérents à une décision.

5.2.2 Simplicité

Ce principe agile - simplicité - ne s'applique pas uniquement aux outils. La communication elle-même est *simple*. Dans cet ordre d'idée, la simplicité volontaire peut être un guide.

---

[13]Tactique et Stratégique.

[14]Voir Sociocratie : prise de décision par consentement

> La simplicité volontaire (ou sobriété heureuse) est un mode de vie consistant à réduire volontairement sa consommation par la maîtrise des besoins. On parle aussi parfois de frugalité. L'objectif est de mener une vie davantage centrée sur des valeurs "essentielles". Wikipedia

Si la "valeur essentielle" en agilité est la valeur métier, la communication est aussi élevée au rang de valeur. Privilégier une communcation directe sans l'alourdir par de gros documents rapidement obsolètes et inutiles est une déclinaison de simplicité volontaire agile.
L'Office de la langue française du Québec[15] la définit comme un

> "mode de vie consistant à réduire sa consommation de biens en vue de mener une vie davantage centrée sur des valeurs essentielles."

Les post-it sont une solution simple, face à des formats de documents électroniques.
La question typîque d'un coach agile est : "parmi ces solutions, quelle est la plus simple ?".

> "Simplicité de forme ne signifie pas nécessairement simplicité de l'expérience." Robert Morris

Une autre facette de la simplicité consiste à limiter le nombre d'éléments "en cours".

[15]Voir Réseau québécois pour la simplicité volontaire.

> "Notre vie est gaspillée par les détails, simplifiez, simplifiez, simplifiez ! Je vous dis de vous occuper de deux ou trois choses et non pas d'une centaine ou un millier." Henry David Thoreau

La citation d'Henry D. Thoreau a des airs de Kanban[16] : limiter le "Work In Progress" (travail en cours).
D'un point de vue "communication", il s'agit de ne pas se "disperser". L'animateur (le ScrumMaster dans Scrum) aide l'équipe à rester centrée sur l'ordre du jour d'une réunion, sur le but de l'itération (sprint).

5.2.3 Respect

Le respect est une valeur agile : le Lean ou bien l'Extreme Programming l'expriment sans détour. Respecter, c'est ne pas porter atteinte à l'intégrité d'une personne. Cela commence par le respect des droits et devoirs de chacun. Encore faut-il les préciser.

Le Product Owner est responsable de l'expression de besoins, de la planification, de la validation du produit. En dernière analyse, il a à *répondre* (c'est l'étymologie de "responsable") de la valeur métier. Cela fait de lui le *Leader* de l'équipe.
Le Développeur - et par extension toute personne qui participe au développement et à l'exploitation du produit - est responsable de la qualité du produit et de son engagement dans la réalisation.

Respecter un Spécifieur, c'est ne pas dénigrer ses choix de priorités, ce qui n'interdit pas de poser des questions pour les

---

[16] Je vous recommande chaudement le livre "Kanban pour l'IT" de Laurent Morisseau. Voir aussi sa présentation Kanban sur le site slideshare.net.

comprendre ni de jouer un rôle déontologique de conseil.
Respecter un Développeur, c'est ne pas remettre en cause ses choix techniques et encore moins les lui imposer (dans la mesure où ce n'est pas une caractéristique du produit).

Le respect - ou l'irrespect - transparaît dans la communication, qu'elle soit orale ou écrite.

Le pattern Respect
Voici une pratique agile simple.
Sélectionnez, dans votre entourage ou votre imaginaire, une personne pour laquelle vous ressentez un profond respect, il s'agit d'un respect volontaire, joyeux, pas d'une soumission à l'autorité ;
Comment parleriez-vous - parlez-vous - à cette personne ? Déduisez-en votre "modèle respect" ; Comment parlez-vous aux autres membres de l'équipe ?

5.2.4 Vocabulaire commun

"Vocabulaire commun" est une pratique de l'Extreme Programming. Elle consiste à établir un vocabulaire compréhensible par le Spécifieur et le Développeur. Ce vocabulaire est constitué de termes

- Métier : ce sont les "objets" métier que le Développeur doit comprendre ; par exemple : définition du terme "actif" dans le cas d'une gestion de parc informatique.
- Techniques : ce sont les "objets" techniques que le Spécifieur doit comprendre ; par exemple : définition du terme "user story" ou bien "table de couleurs au standard RGB".

Ce vocabulaire commun peut prendre la forme d'un glossaire de quelques termes, affiché au mur. Ou bien un document évolutif, type "wiki" web, accessible à tous les membres dc l'équipe.
Les tests d'acceptation et le code source utilisent ce vocabulaire commun.

5.2.5 Radiateur d'information

Cette expression désigne l'affichage mural d'informations[17]. Elle souligne la capacité de *diffusion* de ces informations.
Le radiateur d'information - appelé aussi *wall communication* - est une mise en oeuvre typique de la valeur **transparence** : l'équipe ne (se) cache pas la réalité.
Cet affichage mural a une double fonction :

- informer
- déclencher, alimenter les conversations.

Il participe activement à la communication au sein de l'équipe et au-delà.

5.2.6 La Voix du Client

La Tour de Babel[18] est une belle métaphore : la confusion des langages. Attention donc à préserver *la* voix du Client. Une cacophonie rend la communication orale inefficace. Elle peut conduire à un abandon de la parole au profit de l'écrit. Attention donc à "accorder ses violons" lorsque plusieurs Spécifieurs

---

[17] Radiateurs d'information.

[18] la Tour de Babel

parlent avec un Développeur.
Des sessions de coordination entre Spécifieurs sont alors indispensables.
Le Product Owner est *la* voix du Client.

5.2.7 Jouer

La communauté agile aime jouer. Depuis le "planning game" (1999), le jeu de la planification dans l'Extreme Programming, aux jeux innovants actuels, un Agiliste joue *pour faire* ou *pour acquérir de nouveaux savoir-faire*, pour apprendre.

- XpGame, Au secours mon processus m'étrangle, Kanban Game... : ce sont des jeux qui permettent d'acquérir de nouvelles pratiques : planifier pour optimiser la valeur métier, gérer un flux tiré, identifier et supprimer un goulot d'étranglement.
- Planning Poker, Buy a feature... : ces jeux ont une conséquence directe sur les artefacts du produit, ici estimation relative d'effort ou de valeur métier des éléments d'expression de besoins.

Parmi les "jeux pour apprendre", *Artistes et Spécifieurs*[19] est particulièrement pertinent : il permet de comprendre, de vivre simplement, en s'amusant, l'intérêt d'une communication orale directe entre Spécifieur et Développeur[20].
Dans un premier temps, le groupe des Artistes sort de la pièce.

---

[19] Voir le site d'Alistair Cockburn : Draw the drawing game abbreviated instructions. Alexandre Boutin utilise aussi ce jeu : Artistes et Spécifieurs

[20] Voir aussi le jeu vaches et spécifications

Les Spécifieurs voient une image. Lorsque les Artistes rentreront (après que l'image ait disparu...) l'un des Spécifieurs joue le rôle de messager et communique - exclusivement par écrit - les spécifications du dessin que les Artistes doivent refaire à l'identique.

Le site The Agile Coach Toolkit[21] propose de nombreux jeux pour faire ou apprendre.

Jouer c'est communiquer.

[21]http://www.agilecoach.net/

6 Valeur métier

La valeur métier est une question fondamentale, en particulier en agilité : en quoi les produits gérés par la DSI contribuent-ils à l'organisation ? Comment la soutiennent-ils ? William Deming insiste sur la valeur métier en relation à la diminution des coûts.

> Dans les années 1970, la pensée de Deming a pu être résumée comme une alternative « a sinon b » :
>
> (a) Quand les gens et les organisations se concentrent sur la qualité, définie comme la satisfaction des besoins et des désirs des utilisateurs, la qualité augmente et les coûts chutent.
>
> (b) Sinon, quand les organisations se focalisent sur les coûts, la qualité tend à diminuer au cours du temps. Source Wikipedia[1]

L'informatique est désormais clairement mise à contribution : elle doit participer activement à l'atteinte des objectifs de l'organisation, elle doit être *alignée.*

> Les projets IT ne doivent plus seulement supporter l'activité, mais aussi l'optimiser et la dynamiser. C'est désormais la "business value" qui prime dans les grandes orientations et choix du portefeuille d'applications. Journal du Net 30 Juin 2008[2]

---

[1]Voir la page Wikipedia consacrée à Deming

[2]Voir l'article Définir et évaluer l'apport métier des applications

Une user story consolide la valeur métier d'une feature, qui à son tour contribue à la valeur du produit. Et ce dernier participe à la création de valeur de l'organisation.

6.1 Qu'est-ce que la valeur métier ?

Un développement de produit n'est jamais "gratuit". Que ce soit en euros et/ou en temps, il a un coût. La valeur métier est ce qui donne du sens à ce coût. Il est alors possible d'établir le ratio valeur/coût, le retour sur investissement.
Simplement énoncée, la valeur métier est l'intérêt qu'a l'Utilisateur à disposer de ce nouveau produit.

6.1.1 Valeur métier : les facteurs de valeur

Voici une représentation de facteurs de valeur, de caractéristiques qui contribuent à la valeur : le nid d'abeille de Peter Morville[3].

[3]Schéma reproduit avec son autorisation.

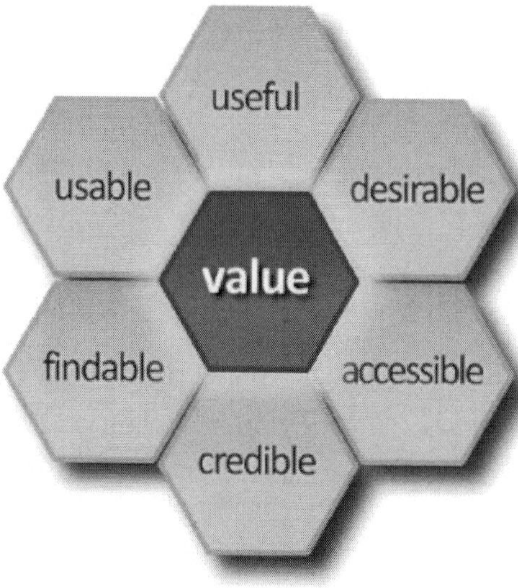

Utilisabilité : nid d'abeille de Peter Morville

Dans *User Experience Design*[4], Peter Morville explique les différents facteurs de la valeur, pondérés en fonction du contexte du produit.

- Utile : au-delà de ce qui est attendu du management, le produit est-il réellement utile ?
- Désirable : quel est l'attirance de l'application ? Son image ?
- Accessible : quelle est l'accessibilité du site, du logiciel, en particulier pour les déficients visuels ?
- Crédible : en quoi la conception du produit contribue-t-elle à la crédibilité du logiciel[5] ?

---

[4]Voir User Experience Design
[5]Voir Web Credibility Project

- Atteignable : le produit est-il facilement trouvé dans le système d'information, sur Internet ?
- Utilisable : le produit est-il facile à utiliser ?

Cette modélisation recentre la valeur : ce sont les **Utilisateurs** qui la définissent[6].

Au-delà du produit lui-même - utilité, accessibilité... - d'autres critères complètent l'expérience Utilisateur.

- Performance : quid des temps de réponse ? De la précision des résultats ?
- Niveau de service : le "Help Desk" est-il performant ? La reprise en cas d'incident est-elle suffisamment rapide et fiable ?

6.1.2 Impliquer l'Utilisateur, le vrai

La valeur métier ne se décrète pas par procuration : tel Consultant ou tel Manager est probablement pertinent dans ses propositions. Il reste que c'est l'Utilisateur, le vrai, qui détient les clés de la valeur effective. L'utilité dépend de la place réelle du produit dans son processus métier.
En quoi ce produit facilite le processus, en quoi il permet ce qui était impossible auparavant... Autant de questions qui aident à "cerner" la valeur métier.
D'où l'importance, dans une approche agile, de travailler avec de véritables (futurs) Utilisateurs du produit. D'autant plus que cette implication au plus tôt facilite la conduite du changement

[6]Le site usability.gov propose de nombreuses pratiques en relation à la valeur métier.

induite par le nouvel outil informatique.
Plutôt que de rechercher des formules compliquées, travailler directement avec l'Utilisateur est un moyen *simple* de valoriser le logiciel. Valeur métier : faites simple. Adoptez le slogan :
KISS[7] your Business Value.

Jouer pour apprendre la valeur métier
Le jeu "Business Value Modeling" du site The Agile Coach Tookit[8] est une bonne introduction à la valeur métier en agilité et peut être joué avec les Spécifieurs qui auront à estimer les valeurs des features.

6.1.3 Intérêt des Utilisateurs et valeur stratégique

De façon générale, la valeur métier d'un produit est fonction

- d'une part de l'intérêt de ce produit pouir ses Utilisateurs
- de la valeur stratégique du produit pour les Managers.

Le Product Owner, garant de la valeur métier, est parfois pris entre deux feus, lorsque les intérêts des Utilisateurs et du Management divergent.

6.1.4 Temps et valeur

Le temps est une composante de la valeur. Généralement, l'estimation - même relative - de la valeur suppose qu'elle est fournie

[7]KISS pour Keep It Simple, Stupid ! principe KISS.

[8]http://www.agilecoach.net/coach-tools/business-value-modeling/

au bon moment, “juste à temps”.
Une livraison trop tardive diminue, voire supprime, la valeur escomptée au départ[9].

6.2 Trois pratiques simples

6.2.1 Déterminer les valeurs métier relatives

La valeur est particulièrement utile au niveau du backlog d’évolutions afin d’établir la liste des projets effectivement lancés. Elle a son importance, dans un projet, au niveau des features qui sont projetées dans le temps sous forme de versions successives du produit.

Voici une pratique simple, adaptée du Planning Poker[10] : **Business Value Poker**[11].

1. Obtenir la liste des éléments à pondérer
2. Déterminer l’élément le plus important en terme de valeur métier (la référence)
3. Lui attribuer arbitrairement une valeur métier de 1000
4. Pondérer ensuite chaque élément restant en fonction de sa valeur, relativement à la référence
5. Appliquer ensuite la règle : pas 2 fois la même valeur métier.

[9]Incorporating cost of delay in feature prioritization.
[10]Voir le référentiel des pratiques agiles : Planning Poker.
[11]Ce jeu est aussi connu sous le nom de Business Value Game.

Cette pratique se joue dans le cadre d'ateliers dont l'objectif est de déterminer collectivement les valeurs métier des éléments d'expression de besoins.

Le chapitre Features propose d'autres pratiques, en particulier des jeux innovants.

6.2.2 Investigation

Quelle que soit la méthode utilisée, la valeur métier supposée avant une mise en exploitation doit être confrontée à la réalité de l'utilisation.

Enquêtes de satisfaction
Une enquête de satisfaction reste un moyen utile de vérifier ces estimations de valeurs métier initiales. C'est une pratique simple qui permet de prendre conscience de la réalité du terrain et donc de rectifier si nécessaire les solutions mises à disposition des Utilisateurs. La *tendance* dans le temps permet de vérifier que les actions entreprises pour améliorer la valeur métier apportent effectivement un résultat, du point de vue de l'Utilisateur.

Cette enquête pourrait porter sur l'importance relative des features mises en production.

> Selon vous, quelles sont les fonctions du logiciel les plus importantes ? Notez les de 0 à 5 (5 : la plus importante).

Supposons une version mise en exploitation, qui contient les features F1 F2 F3 F4. Les estimations de valeurs relatives (lors de la planification de la version) ont établi un classement. L'enquête

permet alors de vérifier la perception des Utilisateurs.
L'estimation porte sur une échelle de 0 à 1000. L'enquête sur une échelle de 0 à 5.

Feature	**Estimation**	**Enquête**
F1	1000	5
F2	900	4
F3	800	2
F4	400	4

Ce tableau montre que le Product Owner avait vu juste à propos des deux premières features. Par contre, les Utilisateurs ont plus valorisé F4 que F3. Cela devrait se traduire par un changement de priorité dans les features à venir en relation à F3 et F4.

Les critères décrits plus haut - utilité, désirabilité, disponibilité... - peuvent être utilisés dans l'enquête afin de mieux comprendre les résultats. Par ailleurs, ces résultats d'enquête peuvent être confrontés à des statistiques d'usage.

La question de la valeur effective - en exploitation - se pose également au niveau plus global du produit dans l'organisation. La comparaison entre features d'un produit devient alors une analyse comparative de la valeur des produits d'un portfolio (portefeuille).

Une approche **empirique**, basée sur une expérimentation concrète du produit, permet - petit à petit - de mieux comprendre ce qu'est la valeur métier, dans un contexte donné, unique.

Le *Help Desk* est une excellente source d'informations concrètes[12]. Il "remonte" des données statistiques sur les défauts, les questions

[12]Une planification agile est basée sur des mises en exploitation fréquentes : le produit est exploité alors qu'il est encore en développement.

posées par rapport aux features du produit. Ces données sont alors précieuses lors de la planification des versions suivantes du produit.

Que demande l'infirmière ?

Contrairement à une idée reçue, une mesure n'a pas besoin d'être objective pour être pertinente. C'est le cas d'une mesure de la douleur : l'infirmière demande de noter la douleur sur une échelle de 0 à 10. Cette note est très subjective, néammoins elle a du sens : après administration d'une drogue adaptée, la douleur est sensée diminuer. C'est le *delta* entre les deux notes qui importe.
Ces notations subjectives de la valeur sont complémentaires. Elles consolident les mesures basées sur des informations plus objectives, par exemple "nombre de Visiteurs du site".

Go & See

Cette pratique issue du "Toyota Production System" - genba attitude[13] - consiste à être "au bon endroit" : chez l'Utilisateur. Être à l'endroit où le logiciel est effectivement utilisé aide à comprendre l'expérience Utilisateur et par conséquent ce qui lui apporte de la valeur. Il s'agit d'être **témoin vigilant** dans l'intention de détecter ce qui a véritablement un intérêt.

Lean Startup

Une démarche Lean Startup[14] basée sur des "Minimum Viable Products" (MVP) permet de cerner petit-à-petit la valeur métier. Il existe finalement peu de différence entre un plan agile, basé sur des versions "Minimum Marketable Features" (MMF) et le Lean Startup. Ce dernier insiste sur la capacité à *pivoter*, c'est-à-dire tester une nouvelle hyothèse pour améliorer la valeur métier.

---

[13]Voir Go & See et San gen shugi.

[14]Voir cette présentation slideshare d'Eric Ries : Building a Virtual World : Lean Startup Style

C'est exactement le rôle d'un du Product Owner agile.
Dans cet ordre d'idée, une enquête de satisfaction portant sur l'existant permet d'orienter le développement du nouveau produit.

6.2.3 Le jeu de la perfection

Une autre forme de questionnaire consiste à jouer le "jeu de la perfection" appliqué au logiciel[15].
La première étape consiste à déterminer la portée du questionnaire :

- Le logiciel (exclusivement)
- Le système (matériel et logiciel)
- Le service rendu par "l'informatique" (y compris Help Desk...)
- La solution elle-même (qui comprend peut-être des procédures d'utilisation...)

L'enquête elle-même est très simple : elle consiste en deux questions posées. Ici, le questionnaire porte sur le logiciel :

1. Notez de 0 à 10 le logiciel
2. Que faudrait-il pour que votre notre soit 10 ?

La deuxième question est ouverte. Si le dépouillement des réponses est plus long que dans le cas de questions fermées, le feedback obtenu est certainement beaucoup plus riche et peut provoquer des améliorations sensibles.

[15]Ce jeu est disponible gratuitement en ligne : perfectiongame.org. Ce jeu fait partie des core protocols.

6.2.4 Valeur par consentement

Le protocole de gestion par consentement (chapitre Intelligence collective) permet d'obtenir le consentement sur une décision d'échelle de valeur. Brièvement, ce protocole permet d'obtenir le consentement de tous sur une proposition qui est améliorée en fonction des demandes de clarification et des objections que chaque participant peut émettre.

6.2.5 Surveiller la valeur métier

Le Product Owner a tout intérêt à surveiller, *monitorer*, la valeur métier du produit.
La valeur métier d'une fonctionnalité "terminée" (validée par le Product Owner) est nulle tant qu'elle n'est pas mise en exploitation.
Le stock de valeur métier "potentielle"s'accumule tant que les fonctionnalités ne sont pas effectivement mises en exploitation, c'est-à-dire utilisées. La stratégie du Product Owner consiste donc à éviter ce gaspillage qu'est une valeur métier "dormante" dans le stock.
Le graphique suivant trace la valeur métier.

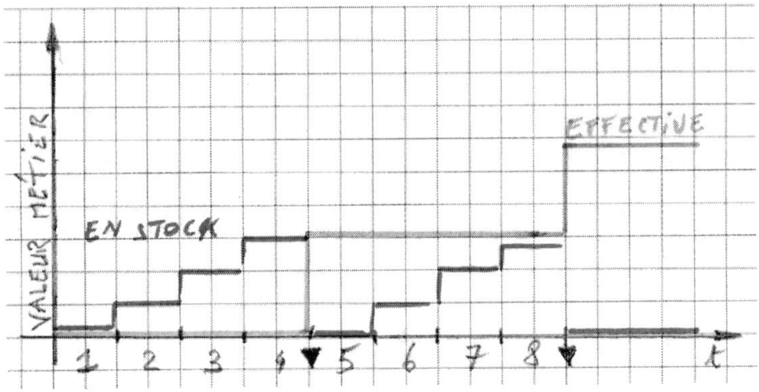

Valeur métier en stock et effective

Pendant quatre itérations, la valeur métier s'accumule dans le "stock". Concrètement, elle reste nulle. Vient une première mise en production/exploitation qui rend effective cette valeur métier jusque-là inutile à l'organisation. Le même phénomène se reproduit lors du développement de la deuxième version (itérations 5 à 8).
Le même cas de figure sans la première mise en exploitation ne ferait qu'empirer le phénomène : la valeur métier en stock s'accumule pendant huit itérations dans ce cas-là.

Lorsque la première version d'un produit constitue l'essentiel des features - par nécessité ou par manque d'agilité - une solution consiste à ajouter dans le plan une deuxième version, quelques semaines après. Cela permet de rectifier si nécessaire, en fonction du feedback concret de la première mise en exploitation.

6.2.6 Pour aller plus loin

Lorsque la valeur métier est estimée grâce à la contribution du "vrai Utilisateur", lorsque cette valeur est "monitorée" après une mise en exploitation pour valider l'estimation initiale, alors il est possible d'aller plus loin, si cela s'avère pertinent.

- **Modèle de Kano** : ce modèle[16] distingue plusieurs types de besoins - basique, linéaire, heureuse surprise - et propose un système de questions adressés aux Utilisateurs. Piloter par la valeur métier (l'estimer, vérifier sa réalité après une mise en exploitation, rectifier) reste toutefois plus important que le modèle de Kano ;
- **Estimation absolue** : la pratique "Business Value Poker" établit des estimations *relatives* de valeur métier, ce qui est nécessaire et suffisant pour planifier le développement. "Valeur actuelle nette" est une pratique qui aide à établir la pertinence d'un investissement[17].

Ci-dessous le modèle de Kano[18].

---

[16]Jean Claude Grosjean en parle sur son site Le modèle de Kano, si précieux....

[17]Voir Valeur Actuelle Nette.

[18]http://fr.wikipedia.org

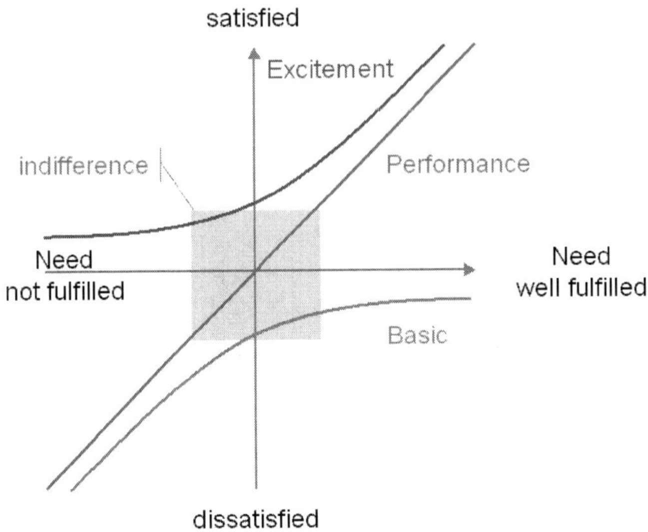

Modèle de Kano

Concepts et pratiques

7 User Story

L'Extreme Programming, au tout début des années 2000, propose des pratiques devenues incontournables en agilité[1].

- User story pour spécifier,
- Conception émergente pour fabriquer le logiciel,
- Itérations très courtes, équipe complète, intégration continue pour le travail d'équipe,
- versions fréquentes : la planification de plusieurs mises en exploitation dans le projet.

Les user stories vont se révéler efficaces pour exprimer les besoins en agilité. À tel point que cette pratique est aujourd'hui un standard de fait, comme le terme Product Owner de Scrum.

7.1 Ce que n'est pas une user story

Avant d'étudier ce qu'est une story - et les pratiques correspondantes - voyons dans un premier temps ce que n'est pas une story.

7.1.1 Dossier de specs "relooké" ? Non

La tentation est grande de considérer que le contenu d'un dossier de spécifications est découpé et présenté sous forme de quelques

[1]La pratique "user story" est citée dans "Extreme Programming Explained" de Kent Beck en 1999 et décrite plus précisément dans "Installing Extreme Programming" de Kent Beck et Martin Fowler en 2001.

dizaines de post-it. Or, il existe une différence fondamentale entre l'approche basée "document" et l'expression de besoins agile :
l'expression de besoins agile est centrée communication orale. Un backlog de stories est donc bien autre chose qu'un nouveau format de dossier de spécifications :
un backlog de stories s'apparente à un programme d'ateliers de discussion.

Autre différence importante : un backlog de produit (la liste des stories) est en constante évolution, contrairement à un dossier de spécifications, réputé "figé" en début de projet.

7.1.2 Une story est une carte ? Non

Lorsque les stories sont apparues, leur format était la "carte bristol" et le backlog était simplement l'ensemble des cartes, posées à plat sur une table. Aujourd'hui le post-it collé sur le mur de "management visuel" est emblématique d'une story. Ce qui laisse à croire que ces quelques centimètres carrés constituent l'histoire. C'est faux.
Une histoire est du multi-média : discussions, tests, post-it. Réduire la story à la carte ou post-it, c'est considérer que toute l'histoire est dans son titre.

> Blanche-Neige et les sept nains

Voila un titre d'histoire. Nous pouvons en déduire qu'un personnage - Blanche-Neige - va jouer le rôle principal, d'autres personnages centraux (bien que très petits) viendront peupler cette histoire. Mais nous ne connaissons pas l'histoire tant qu'elle n'a pas été racontée.

Une user story ne se lit pas, elle se raconte[2].

Au-delà, la story s'élabore *via* les discussions entre parties prenantes.

7.1.3 Une User Story n'est pas une tâche technique

Le découpage habituel d'un projet est en tâches (documentation, réalisation...). Ici, le découpage est fonction - à tous les niveaux - d'éléments **qui ont du sens** pour l'Utilisateur. Une story (niveau le plus fin) n'est pas une tâche technique, c'est un scénario très simple qui fait sens pour un Utilisateur.

7.2 L'essence de la story

Une user story est du multi-media, constituée d'éléments obligatoires ou optionnels. La "carte" ou post-it n'est que le support d'une partie des attributs d'une story.
Pourquoi une carte ?
Il est plus facile, rapide, partageable, de manipuler des cartes sur une table ou bien des post-it au tableau, plutôt que modifier des stories informatisées sur un écran. C'est l'aspect kinesthésique des outils agiles : déplacer un post-it d'une colonne à l'autre est plus significatif.

---

[2]Concrètement, le Spécifieur fait du "User Story Telling".

7.2.1 Les composants obligatoires d'une story

- Le **titre** de l'histoire : une ou deux phrases qui décrivent brièvement l'histoire, c'est ce qui est appelé "story" habituellement (le titre n'est pas le nom),
- Des **discussions** qui permettent d'expliquer, préciser, amender, estimer, **transmettre** l'histoire,
- Des **critères d'acceptation** qui permettront de juger "finie" la story et qui constituent autant de détails importants de l'histoire (c'est le "how to demo" de certains formats de story).

Un critère d'acceptation est une condition que doit satisfaire la story et, dans le même temps, un complément de spécification :

- Référence à une règle métier que doit respecter la story
- Conditions normales, aux limites, en erreur.

Le titre est écrit sur le post-it. Ce terme - titre - souligne la nécessité de raconter l'histoire. Il se présente parfois sous la forme :

```
En tant que [rôle] je [interaction] afin de [répondre à
un besoin métier].
```

Un rôle désigne un ensemble d'Utilisateurs qui partagent des activités et des objectifs communs, en regard du logiciel.
Le titre de l'histoire se lit sur le post-it, l'histoire elle-même se transmet oralement.

Le format générique, standard aujourd'hui : "en tant que..." (ETQ) permet de rester centré Utilisateur. L'important est que cette référence au rôle apparaisse.

```
[Rôle], [interaction]
```

ou bien, avec l'abbréviation de "en tant que" :

```
ETQ [Rôle], JE [interaction]
```

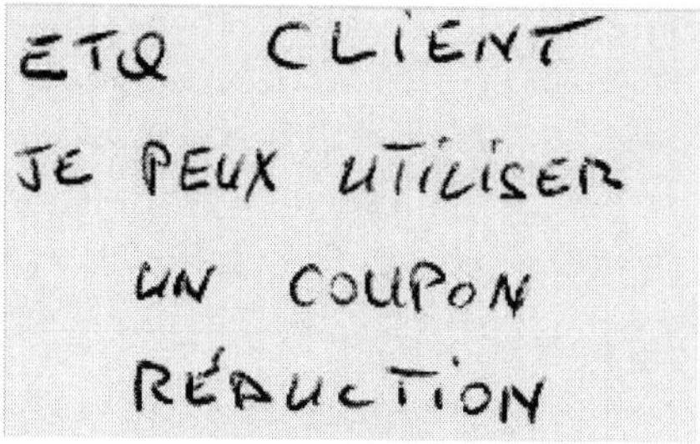

Une carte de user story

7.2.2 Story : des informations optionnelles

- Un nom d'histoire : ce qui permet de l'identifier facilement (le nom est plus court que le titre),
- Une estimation d'effort,
- Une valeur métier,
- Des maquettes de l'interface,
- Des notes complémentaires.

Le nom, lorsqu'il existe, apparait en tout début de la story.

```
[Nom] :: [Rôle], [interaction (le titre)]
```

7.2.3 Tout n'est pas écrit

L'expression de besoins repose sur une communication orale directe et sur quelques écrits : la vision, les features, les stories et

leurs tests. Tout n'est pas écrit : l'histoire est transmise oralement. Que devient une information importante si elle n'est pas écrite ? **Les tests permettent de transcrire les détails de l'histoire** et au passage ce qui est jugé important par le Spécifieur. Si c'est important, autant le tester.
Éventuellement, des notes peuvent être ajoutées à la story. Des documents (règles de gestion en vigueur...) sont parfois référencés dans les stories et/ou les tests.

7.2.4 Estimation d'effort

Le Planning Poker[3] est une technique d'estimation de l'effort - relatif - en "points"[4]. Une autre pratique - estimation par lot - permet d'estimer plus rapidement plusieurs stories.

1. Pour chaque story : le Spécifieur la présente brièvement, l'équipe de Développeurs la classe dans un lot, le discriminant entre lots étant l'effort : lot des stories les plus faciles... jusqu'au lot des plus difficiles ; cela devrait constituer 4 ou 5 lots
2. Toutes les stories étant classées, l'équipe attribue un effort à chaque lot ; lot des plus faciles : 1... jusqu'au plus difficile : 8 (ou bien n'importe quel autre nombre).

Attention à un aspect de cette pratique : il s'agit d'estimer l'effort nécessaire pour considérer "terminée" la story. L'effort inclut le développement, les tests, une éventuelle documentation, etc.

---

[3]Voir Planning Poker.

[4]Voir Points d'effort. Points, jetons, cacahuètes... Autant de termes. Inventez le votre !

```
estimation de l'effort = fonction(user story, définition
de fini);
```

L'intérêt de cette pratique (par rapport au Planning Poker) est que l'estimation est plus rapide (de l'ordre d'une vingtaine de stories par heure). L'inconvénient est que l'échange entre Spécifieur et Développeurs est beaucoup plus court, ce qui nuit à la conversation.

Une autre technique consiste à attribuer arbitrairement un poids de "1" à chaque story, la vélocité est alors simplement le nombre de stories terminées dans un cycle (itération).

7.2.5 Quand la story est trop lourde : les epics

Une story est trop lourde lorsque son poids n'est pas compatible avec la vélocité, c'est-à-dire la capacité de l'équipe à terminer plusieurs stories dans l'itération[5]. C'est le cas - bien souvent - des première stories écrites par un Spécifieur. Elles s'inspirent de l'activité métier du rôle concerné et n'ont pas encore la taille nécessaire pour être planifiée.
Dans ce cas, il faut *découper* la story.
La story a une certaine responsabilité dans le système. Elle participe à l'ensemble. Découper la story consiste à distinguer plusieurs facettes de cette responsabilité.

```
ETQ Visiteur, je paie ma commande
```

Supposons une estimation d'effort de 8 points. Elle doit être découpée. À y regarder de plus près, les tests portent sur le

[5]Une abaque expérimentée est : **autant de stories que de jours dans une itération, quel que soit le nombre de Développeurs**. Autrement dit, la taille pertinente d'une story dépend du nombre de Développeurs : plus il y a de Développeurs, plus les stories peuvent être grosses.

récapitulatif de la commande qu'il faut valider, le paiement lui-même (l'appel à un service) et l'envoi d'un courriel au Visiteur.
Ce sont les responsabilités de la story.
Il est possible de les découper, de créer ainsi deux ou trois stories plus légères, en lieu et place de la story initiale, trop lourde.

```
ETQ Visiteur, je valide le contenu de la commande
```

```
ETQ Visiteur, je paie et reçois un email récapitulatif
```

Une fois découpée, l'epic n'a plus de raison d'être, cette carte disparait du backlog.

La quantité d'information à traiter dans la story - ou les traitements eux-mêmes - sont de bonnes sources de découpage.
Les critères et tests d'acceptation précisent la user story, ils sont alors utiles pour son découpage.

Pas de découpage par couche technique
De façon générale, la structure d'une application est représentée sous forme de "couche". Dans le schéma ci-dessous, ces couches sont :

- Interface Homme-Machine
- Logique métier
- Base de données.

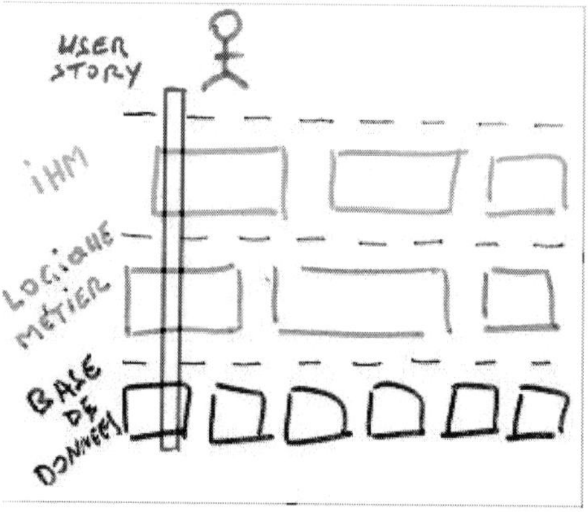

Une User story est une tranche verticale

L'implémentation d'une story "traverse" toutes ces couches. Une possibilité de découpage de la story serait de considérer les aspects Interface Homme-Machine (IHM), logique métier, base de données. Ce n'est pas pertinent car chacune de ces couches, isolée des autres, n'a aucun sens pour l'Utilisateur. D'un point de vue technique, travailler sur une couche indépendamment des autres interdit une intégration continue.
Le découpage d'une story doit privilégier l'intégration de différents composants.

Le découpage d'une story est un affinage de tranche verticale, pas une sélection de couches horizontales.

Pour aller plus loin
Richard Lawrence[6] propose 9 "patterns de découpage de story", parmi lesquels :

- étape de workflow,

---

[6]Voir son article Patterns for Splitting User Stories.

- selon les règles métier,
- selon les données.

Bill Wake[7] nous offre, dès 2005, vingt façons de découper les stories.

7.3 Maintien du backlog

Le backlog - l'ensemble des stories - est "constamment" maintenu par le collège de Spécifieurs. Que ce soit *via* des réunions formelles ou non, le backlog est maintenu "à jour". Un feedback reçu (par exemple lors d'une démonstration), un événement inattendu, un changement de priorité... Autant de raisons de mettre à jour le backlog[8] :

- Enlever une user story,
- Changer sa priorité,
- Ajouter une user story.

Le backlog est ordonné : le "haut du backlog" correspond aux stories les plus prioritaires et c'est lui qui est l'objet de toutes les attentions de la part des Spécifieurs.

L'objectif d'une itération n'est pas uniquement d'obtenir un nouvel incrément du produit réputé "potentiellement livrable". C'est aussi de disposer d'un backlog mis à jour.

---

[7]Twenty Ways to Split Stories. Je vous recommande chaudement le site http ://xp123.com de Bill Wake.

[8]Voir Maintien du backlog.

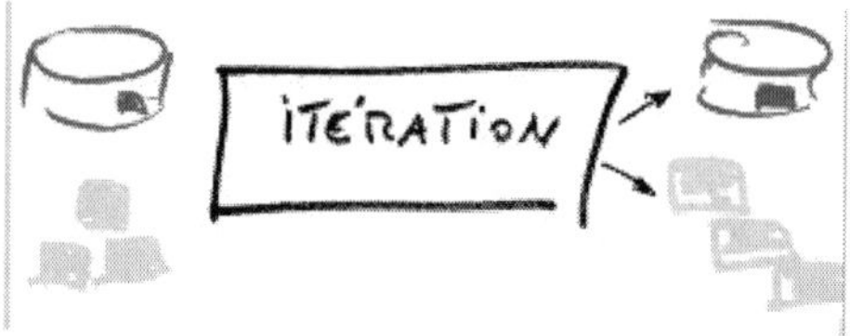

Fin d'itération : nouveau produit, nouveau backlog

Le produit est en entrée de l'itération (le "disque" rouge) ainsi qu'un backlog (les stories en jaune). Le produit et le backlog sont en sortie de l'itération : cette boite de temps "incrémente" le produit *et* le backlog.

Taille du backlog

Le principe Lean qui consiste à limiter les stocks vaut aussi pour le backlog : limiter sa taille. Si ce n'est que la "grosse spécification du début" est une habitude ancrée depuis tant d'années. Il est frustrant, voire contreproductif, de ne pas écrire tout ce que l'on souhaite écrire à un moment donné.
Une solution consiste alors à :

- poser la question de la taille du backlog lors d'une rétrospective, les arguments en faveur d'un stock limité sont-ils pertinents à ce moment du projet ?
- distinguer haut du backlog - qui doit être détaillé - et bas du backlog qui peut être simplement une liste de titres de stories.

Dans cet ordre d'idées, certains outils[9] proposent un "bac à sable" de stories. Cela permet de distinguer quatre états typiques d'une story :

[9]Voir par exemple http ://www.icescrum.org/.

1. Bac à sable (ou bas du backlog) : elle est identifiée, c'est une "idée", un but du produit
2. Backlog : elle est en cours d'élaboration (priorisée, estimée...) jusqu'à être prête (pour planification)
3. Planifiée : pour développement dans une itération ou un cycle
4. Terminée : elle peut être déployée au profit des Utilisateurs.

7.4 Story mapping

Le story mapping est une pratique qui consiste à agencer différemment les stories afin de mieux visualiser l'ensemble du backlog. Il est détaillé dans cet article : Story Mapping, article de Jeff Patton[10]. Ce mapping peut être le sujet d'un atelier collectif.
Dans l'exemple suivant, la cartographie des stories consiste à visualiser les stories en regard d'un processus métier.
Ce processus est constitué de trois activités "métier" : A1, A2, A3.
La première ligne de stories (jaunes) représente les interactions du cas normal.
La deuxième ligne (stories roses) celles d'un cas particulier.

[10]http://www.agileproductdesign.com/blog/the_new_backlog.html

Story Mapping

D'autres cartographies sont possibles :

- les stories d'une feature,
- les stories d'un rôle spécifique,
- les priorités de développement des stories,
- …

Le story mapping est tout aussi utile pour initier un backlog, le prioriser : les stories correspondant au scénario "nominal" sont prioritaires par rapport aux scénarios particuliers.

7.5 Tests d'acceptation

Dans un premier temps, la story est accompagnée de critères d'acceptation. Ces critères deviennent ensuite des tests, c'est-à-dire des cas précis, valorisés (exprimés en s'appuyant sur des données de test). De façon générale, plusieurs tests peuvent raffiner un critère.
Une story sans test d'acceptation est une histoire sans fin.

7.5.1 Tests d'acceptation : le malentendu

Les tests sont associés à une story et sont réputés "valider" la story. L'expression "tests d'acceptation d'une story" est passé dans le langage agile. Or, c'est le système à forte composante logicielle qui est testé, concrètement.
Un test permet d'accepter le système qui contient la story.

La différence réside dans une éventuelle régression. Que dire d'une story dont l'implémentation génèrerait une régression ? Faut-il l'accepter alors que tous "ses" tests passent mais que d'autres (associés à d'autres stories) sont en échec ?

Pour pallier ce malentendu, une solution consiste à automatiser les tests d'acceptation, ce qui permet de passer indéfiniment tous les tests, tout le temps.
Une autre solution, lorsque l'automatisation est impossible - est de sélectionner les tests qui jouent le rôle de tests de non régression. Et de passer régulièrement ces tests, plusieurs fois pendant l'itération.
Dans le cas contraire (pas d'automatisation, pas de campagne régulière de tests dans l'itération), le logiciel est tout au plus "essayé" en fin d'itération, certainement pas *testé*.

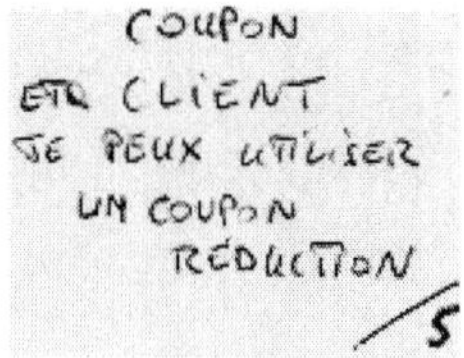

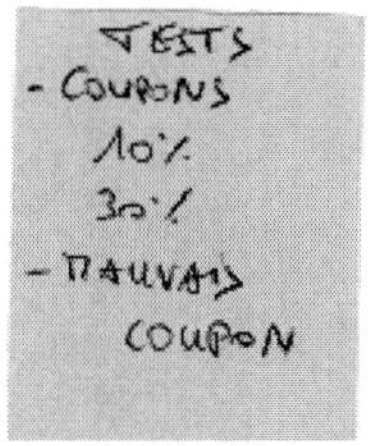

User Story et critères d'acceptation

Dans l'image précédente, ce sont bien des *critères* d'acceptation : les tests seront ensuite constitués de valeurs précises. Au critère "mauvais coupon" pourrait correspondre le test suivant :

```
Saisir 999999 qui est un mauvais numéro de coupon,
vérifier que la fenêtre d'erreur qui apparaît contient
bien l'adresse de la page de demande de coupon
```

7.5.2 Format d'un test

Le format[11] aujourd'hui recommandé est "Given When Then"[12].

- Given : le contexte du système pour le test, l'état initial du système

[11]Given When Then.

[12]Introducing BDD.

- When : un événement : une action de l'Utilisateur, une "interruption système"...
- Then : le résultat du traitement de l'événement, l'état final dans le test (ce qui a changé, ce qui est resté inchangé).

Quel que soit le format du test, il est le plus précis possible. Contrairement au **critère** d'acceptation qui est généraliste (la fonctionnalité doit respecter telle règle métier par exemple), le **test** décrit comment vérifier que le critère est respecté. Le test décrit un cas concret, basé sur des données clairement établies (les données en entrée, les données en sortie (attendues). Le test est concret car :

- il est ainsi plus précis et limite les ambiguités d'interprétation de la spécification (un test est une spécification)
- il est reproductible et donc permet de mieux analyser des écarts de résultat d'un passage de test à l'autre.

7.5.3 Stratégie de test

Lors de l'écriture de la story, il peut être utile de préciser la stratégie de test.
Test nominal ? Test limite ? Test erreur ?
Quel jeu de données ?
Quel aspect de la story vaut-il mieux tester ?
Quelles règles "métier" (Business Rules) tester ?

Cette stratégie est décrite par les critères d'acceptation ; elle sera ensuite déclinée en cas de tests concrets (basés sur des données de test précises). Ces tests deviennent des *spécifications exécutables* lorsqu'ils sont automatisés.

```
Racine 2nd degré :: élève, je peux calculer les racines
d'une équation de second degré
```

C'est une équation de la forme (appelée aussi "trinôme du second degré") :

```
ax^2 + bx + c = 0
```

L'acceptation (critères) consiste à vérifier le résultat dans :

- le cas "normal" : 2 racines (alpha, beta),
- à la limite : une racine,
- en erreur (ensemble R) : pas de racines.

De cette stratégie découlent plusieurs cas de tests précis.

a	b	c	alpha	beta
1	2	-3	-3	1
3	4	5	N/A	N/A
1	4	0	-4	0

7.6 Discussion

Une story est

> Une promesse de discussion. Ron Jeffries[13]

Les discussions sont formelles et informelles.
Formelles : lors de l'estimation de la story, pendant l'automatisa-

[13]Ron. Jeffries avait décrit une story en carton, conversation, confirmation.

tion des tests d'acceptation, surtout **pendant** le développement : toutes ces discussions sont planifiées.
Informelles : sur demande du Développeur, à propos d'une autre story, après un "stand up meeting"...

Une approche agile n'est pas un "mini" cycle en V dans lequel :

- lundi = spec,
- mardi = développement,
- mercredi = validation.

Une implémentation de story est le résultat de discussions pendant lesquelles elle est élaborée. Elle est aussi le fruit de la story telle que décrite par le Spécifieur d'une part et les possibilités, propositions, contraintes et opportunités du Développeur d'autre part.

La discussion continue *pendant* le développement.
Le Spécifieur précise la story ou un test d'acceptation.
Le Développeur pose une question et la réponse est immédiate - feedback concret et rapide.
Le Spécifieur ajoute un test auquel il n'avait pas pensé au préalable. Dans ce cas, il reste à déterminer si ce test est dans le périmètre de la story ou bien impose la création d'une nouvelle histoire. C'est en quelque sorte un binômage entre Développeur et Spécifieur. Autrement dit, les discussions pendant l'implémentation d'une story peuvent conduire à arrêter son développement, ajouter des stories dans le backlog, etc.

7.7 Critères de qualité

Une pratique importante est la **définition de "prêt"** pour une story[14]. Elle consiste à définir les critères qui "autorisent" le développement. Cette définition de prêt repose sur des critères tels que INVEST ou TRES. Elle représente en quelque sorte un "contrat" entre Spécifieur et Développeur : "je ne peux pas développer une story qui n'est pas prête".

7.7.1 INVEST

Cet acronyme[15] représente les qualités suivantes :

- Indépendante (des autres stories)
- Négociable, en particulier pour son implémentation
- Valeur, c'est-à-dire offre un intérêt pour l'Utilisateur
- Estimée : son estimation est disponible
- Small : suffisamment petite pour être planifiée dans une itération
- Testable : dispose d'un ou plusieurs tests.

Dans INVEST, les critères EST sont indispensables.

[14] Définition de prêt.

[15] INVEST : description du référentiel.

7.7.2 TRES

Voici une autre proposition de critères de qualité[16].

TRES est l'acronyme de :

- **Testable** : tout comme pour INVEST, il doit être possible de tester "objectivement" l'implémentation de la story
- **Réaliste** : l'estimation est là aussi compatible avec la planification, son implémentation elle-même est réaliste à ce moment du développement
- **Esthétique** : la story est-elle belle ? Quelle sensation offre-t-elle ?
- **Sens** : cette story a-t-elle un sens pour l'Utilisateur ?

```
ETQ électeur JE peux voter en cochant la case correspondant
à mon choix de candidat parmi 10 candidats.
```

Cette story est-elle esthétique ?
Non, cette story n'est pas belle. Cet article[17] raconte une histoire vraie : comment une story laide (ici mauvaise ergonomie) a changé le cours de l'histoire américaine récente.

Esthétique
L'étymologie grecque de "esthétique" est "sensation". Elle est la "science du sensible". L'agilité joue sur les canaux sensoriels principaux : visuel, auditif, kinesthésique. Une story devrait être

---

[16]Après 12 ans de pratiques des user stories, j'en arrive à ces critères de qualité qui me semblent correspondre aux dérives les plus habituelles : stories sans tests, pas suffisamment abouties et petites pour être planifiées, pas "agréables" à manipuler, qui n'ont pas d'écho chez l'Utilisateur.

[17]http://www.capitaine-commerce.com/2008/11/09/21744-comment-une-mauvaise-ergonomie-peut-changer-le-cours-de-lhistoire/

"séduisante" de telle façon qu'elle suscite une belle implémentation et au-delà une envie d'utilisation de la part des Utilisateurs.

Dans *Installing Extreme Programming* (2001), Kent Beck explique que le Product Manager (le responsable du produit) raconte les stories non seulement aux Développeurs mais aussi à des collègues, des amis. Ce sont des histoires d'Utilisateurs.

```
Alors là, tu vois, sur mon site Web, le Visiteur peut entrer un numéro de coupon afin de bénéficier d'une réduction.
```

Tant qu'à raconter une histoire, autant qu'elle soit belle.

Design Thinking

Le design - anciennement "esthétique industrielle" - est, selon Wikipedia[18] :

> une discipline créative qui consiste à concevoir des dispositifs destinés à des usagers grâce à un travail sur les formes qui rappelle celui de la création artistique et qui peut concerner aussi bien des formes spatiales (design d'espace), volumiques (design de produits, design industriel), textiles (design de mode, stylisme), graphiques (design graphique, graphisme) ou interactives (design interactif, design d'interaction, design numérique).

Le design thinking suggère que le Spécifieur "pense comme un Designer". L'article Penser comme un designer en quatorze points[19] offre des pistes telles que :

---

[18]https ://fr.wikipedia.org/wiki/Design.

[19]http://www.pearson.fr/resources/titles/27440100872630/extras/2420_penser.pdf

1. Profiter des contraintes,
2. Pratiquer la retenue,
3. Savoir s'arrêter,
4. Réagir comme un débutant, éviter le biais cognitif "la malédiction du savoir"[20].

> « Dans la tête de l'expert il n'y a que quelques possibilités, mais dans celle du débutant le monde est grand ouvert »

Une pratique agile
Un Spécifieur a tout intérêt à analyser des applications existantes, d'un point de vue "designer".
L'interface Utilisateur, la dynamique de l'application sont-elles belles ?
Cela permet d'une part de s'inspirer de ce qui est beau, surtout d'éviter de reproduire ce qui est laid.

Sens
Plutôt que d'imposer un apport de valeur (pas toujours possible au niveau fin d'une story), l'important est que ce besoin ait un sens pour un Utilisateur.

7.8 Backlog de produit

Le backlog est constitué des user stories. D'autres contenus viennent le compléter, ce qui évite la tenue de plusieurs outils dont l'objectif est quasi-identique. En effet, chaque élément :

[20] Biais cognitifs insolites : la malédiction du savoir….

- User story
- Technical story
- Défaut

est pondéré par un effort, a sa propre priorité, ses propres critères d'acceptation.

7.8.1 Technical Story

Un backlog contient parfois des "technical stories". Ce sont des activités techniques qui n'ont pas spécialement de sens (ni même de réalité) pour l'Utilisateur. Dans ce cas, la story devrait être rédigée ainsi :

```
En tant que Développeur j'installe Fitnesse car cela
permet de tester automatiquement la user story "Création
fiche client"
```

La justification d'une technical story est une référence à une véritable user story.

7.8.2 Défauts

Tout comme une story, la réponse à un défaut constaté devrait répondre aux critères INVEST ou TRES. De même qu'une story, un défaut a une certaine priorité, nécessite un effort de résolution.
Certaines équipes utilisent un outil de gestion d'anomalie pour gérer leurs stories.

7.8.3 Outils

Il existe aujourd'hui des centaines de logiciels dédiés à la gestion de backlog. La planification étant intimement liée à l'expression de besoins, un seul outil permet de gérer les deux.

Management visuel
Le management visuel, basé sur des post-it ou cartes rigides est indispensable, quand bien même le Product Owner ne serait pas colocalisé. Les cartes sont lues, commentées, *manipulées*. Parfois, il est nécessaire d'informatiser le backlog.

Tableur
Selon une enquête[21] de "Version One" (2011) :

> Respondents currently use a variety of agile tools ; the most common were bug trackers (77%), spreadsheets (67%), taskboards (66%) and wikis (65%).

Un tableur - *bug tracker*, tableur en ligne - offre plusieurs avantages :

- "gratuit' : que ce soit Excel de Microsoft ou celui inclus dans la suite LibreOffice, le tableur est généralement disponible et ne demande pas d'installation ni de coût supplémentaire, ce qui ne veut pas dire que cet outil est en lui-même gratuit ;
- pas de courbe d'apprentissage : son utilisation est généralement acquise ;

[21]State of Agile Development Survey Results

- adaptable : ajouter/supprimer une colonne est une manipulation facile ;
- simple : surtout, un tableur ne comporte que les informations réellement utiles.

Ce dernier point positif est important : combien de logiciels spécialisés proposent bien plus que les informations nécessaires. Comment s'y retrouver alors ? Quel champ ignorer ? L'utilisation précoce d'un progiciel peut conduire à une mauvaise interprétation de ce qu'est l'agile.

Un tableur (ou *bug tracker*), est une première étape dans l'outillage électronique du backlog. Toutefois, cette solution présente aussi des inconvénients.

- volumétrie : si la gestion de quelques dizaines de stories est agréable, les choses se compliquent lorsque le backlog grandit ;
- les graphiques : obtenir un graphique avec un tableur est rapide, cela demande plus de dextérité lorsqu'il s'agit d'utliser les données du tableur (burn down chart de release par exemple) ;
- partage : le backlog, par nature multi-Utilisateur, est stocké dans un espace commun. Encore faut-il disposer de cet espace (de l'accès à cet espace) ; sans compter la question de l'accès simultané en modification (bien que de récentes versions de tableurs autorisent cet accès).

Logiciel spécialisé

Produits "open source" ou commerciaux, mieux vaut réflechir à ses besoins d'outillage, tant le choix est large aujourd'hui. Parmi les aspects à vérifier :

- story papier : l'impression de stories sur papier est-elle facile, de qualité ?
- ergonomie : la saisie d'une story est-elle constituée de deux parties : l'une simple (nom de la story, estimation...) et l'autre accessible via un bouton "options" (nom d'un responsable de story...) ?
- graphiques : quels sont les graphiques proposés, quelle qualité ?
- features : le logiciel gère-t-il story & itérations uniquement ? Features & Versions ?

7.9 Traçabilité

Une question préliminaire est la justification de la traçabilité.
Traçabilité descendante : vérifier que chaque besoin est bien couvert par des tests.
Traçabilité ascendante : déterminer l'impact d'un changement dans le code.

Les tests d'acceptation sont des composants de stories. La traçabilité descendante entre spécification détaillée (story) et test est donc naturelle.
Dans la mesure où les tests sont automatisés, une modification de code provoque un échec dans un ou plusieurs tests. C'est une traçabilité ascendante concrète[22].

[22]Kent Beck et Martin Fowler détaillent cette traçabilité dans *Installing Extreme Programming*.

8 Besoins non fonctionnels

Tous les besoins ne sont pas fonctionnels. Les performances, la fiabilité... Autant de besoins qu'il est nécessaire d'exprimer, au même titre que les besoins fonctionnels.
Certains besoins non-fonctionnels du produit s'adressent directement aux Opérationnels, non pas aux Développeurs. Un service informatique est traditionnellement constitué de deux activités principales :

- le "Build" : le développement des applications,
- le "Run" : l'opération, l'exploitation des logiciels, ce qui recouvre la gestion des plateformes de production et leur surveillance (monitoring), les sauvegardes, le Help Desk...

L'agilité est née chez les Développeurs[1]. C'était en 2001. Aujourd'hui, la communauté agile a pris conscience de la nécessité de se rapprocher des "opérations". C'est le mouvement "DevOps"[2]. En effet, les versions plus fréquentes constituent un changement sensible dans la relation projet/opérations. L'équipe agile devrait tenir compte de ce rapprochement[3] *build / run.*

---

[1]L'histoire du Manifeste agile est riche d'enseignements. Fabrice Aimetti a traduit cette histoire.

[2]http ://devops.fr/.

[3]J'ai proposé en février 2012 une actualisation des principes agiles qui tient compte de ce rapprochement.

8.1 Besoins non fonctionnels du produit

Ces besoins - Non Functional Requirement (NFR)[4] - entrent dans plusieurs catégories[5].

- Sécurité,
- Audit (vérification des données métier), y compris "audit trail" : mémorisation des modifications,
- Performance,
- Capacité,
- Disponibilité,
- Fiabilité,
- Intégrité,
- Restauration (sauvegardes),
- Compatibilité,
- Évolutivité (capacité à être maintenu, à évoluer),
- Ergonomie (à ne pas confondre avec "convivialité"), y compris internationalisation.

8.1.1 Développement

Certains besoins non-fonctionnels sont satisfaits grâce au développement du produit. Les choix de conception sont déterminants.

---

[4]Non Functional Requirement.

[5]Voir cet article Besoins Non-fonctionnels dans les projets informatiques.

Tests d'acceptation
Lorsque le besoin est lié à une story, le test fait partie de la story. C'est l'un des aspects de l'histoire.

```
Le temps de réponse de cette interaction est inférieur
à 2 secondes
```

Parfois, le besoin non fonctionnel porte sur le produit, pas sur une fonction du produit.

```
Une image doit être affichée en moins de 25 ms
```

Dans ce cas, il n'est pas pertinent d'associer ce test à une story plutôt qu'à une autre. La portée du test (de la spécification de ce besoin non fonctionnel) étant globale, c'est une pratique globale qui est appropriée.

Définition de fini
La "définition de fini" est aujourd'hui une pratique incontournable[6]. Elle consiste en une liste de critères qui sont autant de conditions pour décréter "fini" le développement d'une story. Les tests d'acceptation de la story sont naturellement dans cette liste.

Les besoins non fonctionnels - exprimés sous forme de tests - dont la portée est le produit dans son ensemble sont alors ajoutés à cette définition de fini. Ainsi, ils seront automatiquement passés pour pouvoir accepter une story qu'elle quelle soit.
Concrètement, ces tests s'apparentent à des tests de non-regression.

Fini ? Les équipes utilisent souvent l'expression "définition de done", comme si le terme "fini" n'était pas réellement pertinent. "Done" suppose une démobilisation, une détente.
Lors de l'Agile Tour 2012 à Toulouse, je participai à la session

[6]Voir le référentiel de l'Institut agile définition de fini.

plénière de démarrage de l'événement en compagnie de mon camarade toulousain David Brocard. C'était une session "théatrale" qui nous avait demandé un investissement important en temps de préparation et aussi en courage. J'ai acté la fin de cette session par :
'ça c'est fait!'.. Je crois que "ça c'est fait" est une définition de "done".

8.1.2 Opération

Les besoins non fonctionnels de type "disponibilité" ou "restauration après crash" sont typiquement le domaine des Opérations. Les stories correspondantes sont transmises au service compétent.
Un document de type "Service Level Requirements" est une "compilation" des stories à destination des Opérations.
D'où l'intérêt de travailler au plus tôt et régulièrement avec les Opérations, de telle façon que les mises en exploitation soient le plus "lisses" possible. Dans cet ordre d'idées, le représentant des Opérations participe à l'élaboration de la vision.

8.1.3 Plateformes

Un aspect à considérer est l'écart entre les plateformes (développement, tests d'acceptation, production). Mieux vaut un écart le plus faible possible pour éviter toute mauvaise surprise lors d'une mise en exploitation.
Une solution consiste (quand elle est possible bien entendu) à créer automatiquement une plateforme dédiée, basée sur une

machine virtuelle (VM). Ainsi, la différence entre plateformes n'est plus qu'une question de matériel.

8.2 Contraintes réglementaires

Certains besoins non fonctionnels se traduisent en documentation obligatoire. C'est le cas d'industries telles que l'aéronautique ou le pharmaceutique.
Les documents liés aux contraintes réglementaires, par exemple :

- Plan de Validation
- Protocole de Qualification Opérationnelle

sont "malléables" au même titre qu'un code-source. Une approche "émergente" est alors envisageable. Elle consiste à initialiser dès que possible ces documents **avec le concours** des parties prenantes : Qualiticiens, Managers...
La question est celle de leur évolution et de leur validation.

Un Manuel Utilisateur (ou tout autre document non imposé par l'agilité) pose le même type de question. Il semble logique, dans une approche agile, d'inscrire le maintien du Manuel Utilisateur dans la définition de fini. En effet, la réalisation d'une story a certainement un impact sur ce document. L'expérience montre que cette solution est laborieuse. Dans la même itération, plusieurs stories peuvent modifier le même écran. Chaque "copiécran" - sauf la dernière - est alors inutile. D'où l'idée de reporter le maintien du Manuel Utilisateur à la fin de l'itération. Autrement dit dans la définition de fini de l'itération et non pas des stories.

Un document réglementaire pose un problème supplémentaire. Il doit être validé par un collège de signataires. Il semble hors de question, dans la plupart des organisations, d'obtenir la validation d'un tel document à chaque itération (généralement chaque quinzc jours).

8.2.1 Une solution

Une solution éprouvée consiste alors à

1. Décider au plus tôt de la stratégie adoptée, en présence de toutes les parties prenantes
2. Mettre à jour des documents à chaque itération, si nécessaire. Les tests d'acceptation des stories de l'itération complètent naturellement les documents de type "validation fonctionnelle".
3. Envisager une validation intermédiaire avant la mise en production qui impose ces documents.
4. Passer "officiellement" les tests à la fin, avant la mise en production.

Les tests sont effectivement passés à chaque itération, probablement plusieurs fois par itération. Leur passage "officiel" à la fin est alors une "formalité".

8.2.2 Valider la conception

Ce qui importe aux instances de validation est la capacité à maîtriser le développement du produit, sachant que sa conformtié

aux spécifications est obtenue grâce aux tests d'acceptation des stories.
Une équipe agile gère naturellement les défauts constatés sur les stories, y compris après leur acceptation.
Supposons une story acceptée (validée) lors de l'itération n. Un défaut est alors constaté pendant l'itération n+1 (par exemple sur une plateforme utilisée par des Utilisateurs pilotes). Ce défaut est répertorié dans le backlog et il sera alors possible de tracer

1. la détection du défaut
2. sa résolution.

Cette procédure a été utilisée avec succès dans le cadre d'un projet soumis à validation pharmaceutique.

9 Features

Le niveau de détail d'une feature - une caractéristique du produit qui a du sens pour l'Utilisateur - permet de planifier les versions du produit.

9.1 Rôles et Personas

De "satisfaire les actionnaires" à "satisfaire l'Utilisateur", l'agilité est un changement sensible dans les organisations. Dans cet ordre d'idées, les stories sont centrées Utilisateur, un format aujourd'hui standard est :

```
En tant que [rôle] je peux...
```

Le rôle est utile dans la story : il permet de rester "centré Utilisateur". Cependant, un rôle est généralement commun aux stories d'une feature. De même que la valeur métier, le rôle est naturellement décrit, détaillé, à ce niveau d'expression de besoins - feature - plutôt qu'au niveau des stories.

9.1.1 Rôles

Il est temps de s'intéresser à ces "rôles". Un rôle correspond à un "profil" Utilisateur. Il est précisé en termes de fonctions et droits spécifiques. Plutôt que "griser", invalider des options selon les droits, pourquoi ne pas créer un menu, une application spécifique à chaque rôle ? Mutualiser à tout prix un écran - pour le partager entre plusieurs rôles - n'est pas pertinent d'un point de vue ergonomique[1].

Voici le cas d'une gestion de devis. Les rôles sont décrits à partir des fonctions accessibles.

Vendeur
crée et maintient ses devis et son fichier "clients".

Directeur des ventes
gère le catalogue de produits d'un domaine, y compris les prix de ventes et les possibilités de remise.

Responsable stock
s'occupe du stock, en particulier les réappros.

9.1.2 Persona

Une *persona*[2] est une personnalisation typique d'une catégorie d'Utilisateurs. Cette biographie fictive devrait s'attacher à décrire les missions, les objectifs des Utilisateurs ainsi représentés. L'intérêt d'une persona - comme le nom l'indique - est de *personnaliser* une catégorie d'Utilisateurs. Le produit n'est plus destiné à des inconnus mais à des personas. L'objectif est de satisfaire ces personas. Cette pratique offre un effet "impulse" : il faut s'intéresser vraiment aux Utilisateurs pour créer les personas d'un produit[3]. Autrement dit, il ne s'agit pas de tomber dans des clichés faciles. Visiter les Utilisateurs, discuter avec eux (voir la pratique "Go & See"), autant de pratiques utiles pour concevoir

[1]Attention toutefois à refactorer pour éviter une duplication de code d'interface.

[2]La description du référentiel agile Persona.

[3]Voir aussi cet article Personas : modèle de fiche et exemple concret.

les personas[4].

Une persona est constituée par[5] :

- un prénom
- une photo ou dessin
- une courte biographie : age, statut marital, formations, savoir-faire
- fonction dans l'organisation
- mission, objectifs
- tâches en relation au produit en cours d'élaboration
- ses goûts, ce qui est important pour la persona, en relation au produit.

La persona devrait être simple : il s'agit de retenir, dans cette liste, ce qui a du sens à un moment donné.
Une persona corrrespond à un ou plusieurs rôles et inversément.
Dans le cas précédent, l'équipe pourrait créer plusieurs personas.

```
Persona Pierre : Pierre a 45 ans, il travaille dans l'organisation depuis plusieurs années. Il joue dans l'équipe de foot "corpo" de l'organisation. Sa mission est de coordonner les ventes entre Vendeurs.
```

```
Persona Kevin : Agé de 27 ans, Kevin est dans l'organisation depuis quelques mois. Il adore les jeux video et son objectif est d'atteindre le montant de ventes mensuel.
```

---

[4]Empathy Map.
[5]Voir une description de persona sur le site usability.gov.

Pierre joue les rôles de Vendeur ou Directeur des Ventes ; Kevin est vendeur.
Les études de cas montrent des exemples de personas.

Les rôles et personas sont associés aux features et utilisés pour rédiger et développer les stories.

Personas : allegro... ma non troppo
Si les personas aident à développer, attention à ne pas oublier le feedback concret d'un "vrai" Utilisateur.
Une persona ne donne aucun feedback.

9.1.3 Carte d'empathie

Une carte d'empathie[6] exprime ce qu'un Utilisateur :

- pense et ressent (préoccupations, aspirations...)
- voit (et donc ce que le marché offre)
- fait et dit
- entend (des managers, influenceurs...)

Une carte décrit les douleurs et gains espérés. C'est une pratique "marketing" qui permet de mieux connaître les Utilisateurs. L'expérience utilisateur - User Experience (UX) - s'intéresse au ressenti (émotionnel) de l'Utilisateur.

9.2 Features

De même qu'une story est à la fois un objectif précis du produit et un élément de planification à court terme (contenu d'une ité-

[6]Carte empathie

ration par exemple), de même une feature est une caractéristique du produit et un élément de planification à moyen terme (plan de versions).

Une feature est amenée à être *raffinée*. Dans un premier temps c'est une caractéristique du produit, typiquement une fonctionnalité ou une situation d'utilisation. Elle bénéficie - peut-être - d'améliorations, au fur et à mesure du développement des versions. Son développement est *itératif* : elle évolue d'une version à l'autre. Cette progression est une conséquence

- d'une part du découpage du développement dans le temps (plan de versions),
- d'autre part des changements induits par des événements imprévus
- et des feedbacks obtenus d'une utilisation concrète du produit, d'une version à l'autre.

L'exemple précédent possède une fonctionnalité "Devis". Dans un premier temps, seule la feature "Devis" fait partie du backlog. Le travail de planification conduit à la découper en fonction des versions successives envisagées. Ainsi, cette caractéristique pourrait être raffinée en *features planifiées* :

- Devis "national" : l'implémentation de cette feature dans une première version,
- Devis "international" : une évolution de cette feature dans une deuxième version,
- Devis sur smartphone : encore une amélioration dans une version future.

“Devis” est devenu un thème, non pas une feature au sens “associée à une version”.
Les études de cas (dernière partie du livre) offrent des exemples de features et personas.

9.3 Valeur métier d’une feature

Déterminer la valeur métier d’une story est parfois vain, tant la story est à un niveau de détail parfois très fin. De plus, une version consiste en un ensemble de features mises en production/exploitation. La valeur métier est attachée plus à la feature qu’aux stories qui la composent.

Il existe aujourd’hui de nombreuses pratiques qui permettent d’obtenir une valeur métier de feature. Ce sont des pratiques classiques (critères pondérés…) ou bien des “jeux pour faire le travail”.

9.3.1 Pratiques classiques

Le “poker de la valeur métier “ présenté dans le chapitre “Valeur Métier” est une pratique classique. Elle peut être le fil rouge d’une session collective, entre Spécifieurs, dont l’objectif est d’assigner des valeurs aux features.
La technique des critères pondérés est parfois utile lorsqu’un consentement sur la valeur semble difficile à atteindre. Elle est fondée sur une “astuce” de coaching : changer le point de vue. Plutôt que de s’arc-bouter sur une défense de feature, chaque participant travaille sur des critères de valeur pondérés.

1. Déterminer des critères de valeur,
2. Les pondérer en fonction de leur importance,
3. Noter chaque feature candidate (pour chaque critère),
4. Sommer les notes *pondérées* de chaque feature,
5. Établir les valeurs métiers en fonction du classement de chaque feature.

Noter les features pour chacun des critères consiste à répondre à la question :
'en quoi cette feature contribue-t-elle à ce critère ?'

Les objectifs du produit (voir le chapitre Vision) sont des sources de critères de valeur.

Prenons l'exemple d'une refonte de site Web et supposons que les objectifs du produit - dans sa vision - sont d'une part de renforcer l'image de marque de la société, d'autre part de permettre au Visiteur du site de trouver facilement l'implantation locale de la société. La discussion entre Spécifieurs - et invités pertinents - montre que l'implantation locale est importante mais un Internaute a d'autres moyens de l'obtenir (sites annuaires...). La pondération privilégie donc le premier objectif, d'autant plus que la recherche d'un distributeur proche est une conséquence d'une bonne image de marque.

Critère	Pondération
Image de marque	3
Implantations locales	2

À ce stade, le seul travail de réflexion sur les critères - et leur pondération - peut être suffisant pour valoriser correctement

les features. En effet, l'attention a été portée non pas sur la "lutte" entre features mais sur leur relation aux objectifs de l'organisation, bien souvent oubliés dès lors que le projet est lancé et que toute l'équipe a "le nez dans le guidon".
Mais supposons que cette prise de conscience n'a pas eu lieu ou, du moins, qu'elle n'est pas suffisante pour valoriser les différentes caractéristiques.
Examinons alors les features candidates, à l'aune de ces critères. Les caractéristiques à valoriser sont :

- **Référentiel** des Clients de l'organisation
- **Carte** interactive des distributeurs nationaux
- **Vidéos** de démonstration des produits
- **Site** des Clients sur la carte.

La note de chaque feature en regard des deux critères est :

Critère	Référentiel	Carte	Vidéos	Site Client
Image de marque	5	3	2	4
Implantations locales	1	5	0	3

D'où le tableau des notes pondérées (en pratique un seul tableau rassemble le tout).

Critère (poids)	Référentiel	Carte	Vidéos	Site Client
Image (3)	15	9	6	12
Implantations (2)	2	10	0	6
Total	17	19	6	18

Le classement est alors :

1. Carte
2. Site client
3. Référentiel
4. Vidéos

Une estimation - relative - des valeurs métier de ces caractéristiques permet enfin de valoriser la valeur qui sera effectivement fournie lors des mises en exploitation.

Feature	Valeur métier	Commetaire
Carte	1000	par convention : 1000 = le + important
Référentiel	900	
Site Client	800	
Vidéos	400	car vraiment moins important

La valeur métier d'une story peut être simplement :
`valeur métier story = valeur métier feature / nombre de stories de la feature`

9.3.2 Jeux pour faire le travail

Le choix cornélien
Voici un jeu original qui consiste à comparer deux à deux les features. Chaque comparaison doit se solder par le choix d'une seule caractéristique. Ce choix peut être cornélien !
Il est alors noté sous forme de trait en regard de la feature élue.
La première feature est comparée (deux à deux) avec toutes les autres features, la deuxième est comparée avec la troisième, la quatrième, etc. La troisième est comparée avec la quatrième, la cinquième, etc.

Le nombre de traits, au final, constitue le classement des caractéristiques candidates.

Reprenons la refonte du site Web. Les quatre features candidates sont écrites au tableau. L'atelier commence. L'animateur annonce les choix à faire :

- Référentiel ou Carte, Référentiel ou Vidéo, Référentiel ou Site,
- Carte ou Vidéo, Carte ou Site,
- Vidéo ou Site.

Chaque choix est indiqué par une marque dans la colonne "vote". Le résultat est alors

Feature	**Vote**
Référentiel	XXX
Carte	XX
Vidéos	
Site Client	X

Plusieurs sites proposent des jeux pour obtenir la valeur métier (relative) des features.

tastycupcakes.org[7]
Ce site offre de très nombreux jeux et est régulièrement alimenté par les contributions de praticiens. Voici deux jeux dédiés à la prioritisation d'un backlog de features.

- Free Market Prioritisation,

[7]tastycupcakes.org.

- Mitch Lacey Team Prioritization.

gogamestorm.com
Ce site propose de nombreux jeux pour prioriser, parmi lesquels :

- Dot Voting[8] ,
- Bang-for-the-Buck[9].

innovationgames.com[10]
Plusieurs pratiques ludiques sont disponibles pour valoriser les éléments d'expression de besoins :

- Buy a feature,
- Vision 10/10 (vision 20/20 en anglais).

9.4 Thème

Tout comme une "epic" est une invitation à créer des stories plus petites, un *thème* est un ensemble de features, un "potentiel" de features. Le thème (ou la feature dans un état immature) devient un ensemble de features lorsqu'il est nécessaire de *planifier* les versions.
Dans l'exemple précédent, "Devis" est au final un thème raffiné en features associées à chaque mise en exploitation (Devis national...).

Une feature est associée à une et une seule version mise en exploitation.

---

[8]http://www.gogamestorm.com/?p=348
[9]http://www.gogamestorm.com/?p=729
[10]innovationgames.com est une marque déposée.

10 Vision

La *vision* du produit donne le cap. Elle est le niveau le plus "haut" de l'expression de besoins, de par les objectifs assignés au produit qu'elle décrit. Son rôle est crucial en terme d'*alignement* avec l'organisation.
Une vision est concise, synthétique : elle doit permettre de comprendre ce qu'est le produit dans l'organisation, "en un clin d'oeil".

10.1 Vision : le cap

Si la rédaction de stories, de features peut être déléguée à un Spécifieur de l'équipe, la vision est rédigée par le Product Owner. Du moins est-elle entérinée par le PO lorsque plusieurs personnes participent à son élaboration (ce qui est recommandé).
La vision situe le produit dans l'organisation. Elle permet de le *justifier*, le rendre légitime et ainsi - au passage - obtenir un budget adéquat.
Le chapitre Intelligence collective décrit un exemple de vision élaborée à partir d'un protocole de gestion par consentement.

Vision : le gouvernail.

10.1.1 Le contenu d'une vision

Le contexte, la situation de l'organisation, ses enjeux... Autant d'éléments qui permettent de situer le produit. Un enjeu - un besoin de l'organisation - est raffiné en *objectifs* assignés au produit. Les thèmes ou features sont à leur tour une réponse à

ces objectifs.
L'enjeu est au niveau de l'organisation, l'objectif est au niveau du produit.
Les personas complètent naturellement la vision dans une approche *centrée Utilisateurs*.
Le format *mindmap* ou "carte mentale" est adapté à ce que transmet le contenu d'une vision : il place le produit au centre et peut être plus ou moins déplié (dans le cas d'un outil informatisé) selon les besoins de détail.

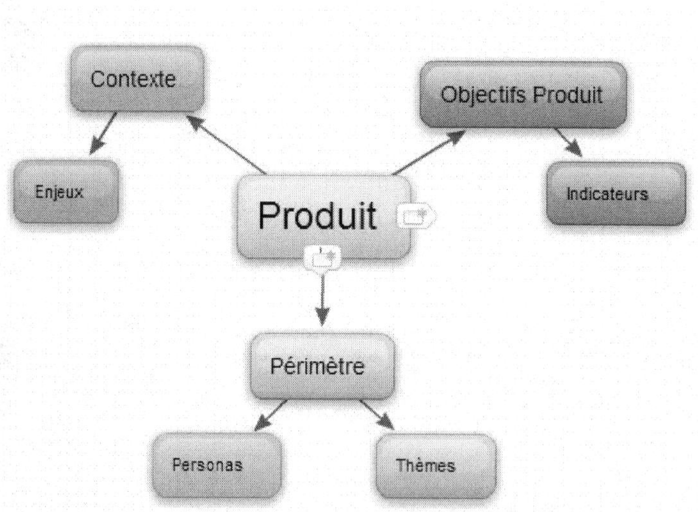

Vision au format mindmap

Si les personas et caractéristiques sont trop nombreuses (pour être toutes représentées dans un document concis) alors seules les plus pertinentes, typiques sont retenues.

Vision au format Extreme Programming

L'Extreme Programming suggère d'exprimer clairement les hypothèses sur lesquelles se fonde la vision. Le changement de cap sera d'autant mieux accepté qu'il actera d'un changement dans les hypothèses.
Les hypothèses portent sur le contexte de l'organisation, les solutions techniques... :

- Cette loi sera bien applicable au 1er janvier prochain (décret toujours pas publié)
- La nouvelle version de ce produit est annoncée pour le 1er février (produit nécessaire à la solution technique)
- Les descriptions de poste des Utilisateurs seront bien mises à jour (pour tenir compte de l'évolution du processus métier dans lequel s'inscrit le produit) avant la première mise en exploitation
- ...

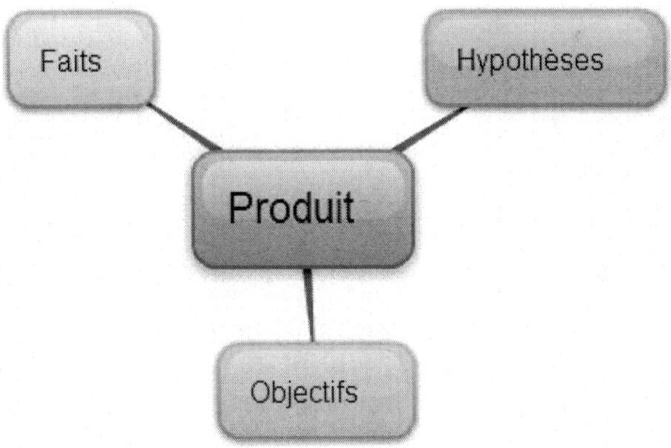

Vision avec hypothèses

Les hypothèses conditionnent non seulement la vision : la feuille de route est également fonction de ces hypothèses.
Un fait est avéré alors que l'hypothèse est encore... hypothétique. Tous deux contribuent à l'élaboration des différents artefacts :

- vision et feuille de route
- features et plan de versions
- stories et plan d'itérations.

10.1.2 Aligner la vision

Les composants de la vision doivent être alignés, c'est-à-dire cohérents.
Questions à (se) poser en terme d'alignement et de qualité de la vision :

- Le contexte, les enjeux sont-ils clairement décrits ?
- Les objectifs correspondent-ils aux enjeux ?
- Ont-ils des indicateurs qui permettront de vérifier qu'ils sont bien atteints ?
- Les features : sont-elles en rapport avec les objectifs ?
- Y aurait-il un objectif non "couvert" par une feature ?
- Les personas : toutes les catégories d'Utilisateurs sont-elles représentées ?
- Les features couvrent-elles toutes les tâches des personas ?

10.1.3 Partager la vision

La vision est partagée. Elle est affichée sur le radiateur d'information, au format A3. Ainsi, elle est une référence utile lors des différentes sessions de travail, en particulier :

- Ateliers d'expression de besoins (features, user stories et tests)
- Sessions de planification (Plan d'itérations, de versions).

Si une "boite produit"[1] a été conçue lors d'ateliers collectifs, cette boite pourrait être exposée.

La vision est un attracteur pour une équipe auto-organisée. Dans une approche agile, l'équipe est auto-organisée. La question est alors : comment l'équipe s'organise-t-elle ? Si les pratiques agiles - mêlée quotidienne, plan d'itération, rétrospective entr'autres - supportent cette auto-organisation, dans quelle direction se dirige l'équipe ? La vision est naturellement la description de cette direction. Encore faut-il qu'elle soit partagée.

Les plans, les solutions techniques, les spécifications sont colorés par la vision lorqu'elle est partagée. Les propositions d'amélioration sont plus pertinentes : comment proposer des améliorations si la finalité est inconnue, mal ou partiellement comprise ?

> « According to 'selforganization' theory, order in an interconnected system of elements arises around what are called 'attractors' » Robert Dilts[2]

Le Product Owner est le *leader* de l'équipe. C'est lui qui *guide* au quotidien, alors que le ScrumMaster *entraine* et gère (obstacles...).
La vision du produit, que le PO élabore en collaboration avec les autres membres, est l'expression de son **intention**.

[1]http ://innovationgames.com/product-box/.

[2]Le site de Robert Dilts : NLP University.

Qu'advient-il d'une équipe, *a contrario*, lorsque le Product Owner n'est pas présent, lorsque la vision n'est pas partagée ? Par quoi est-elle attirée ?

La vision est un *attracteur* pour une équipe auto-organisée[3].

10.1.4 Critères de qualité d'une vision

La vision devrait respecter les critères ACA :

- Alignée : voir les questions ci-dessus (cohérence entre tous les éléments de la vision)
- Concise : est-elle affichée au format A3 ? Lisible ? Est-il possible de la décrire en moins d'une minute ?
- Attractive : son format et son contenu sont-ils attractifs ? Est-elle partagée ?

10.2 Vision et feuille de route

La feuille de route du produit est la projection dans le temps de la vision[4]. Le format contenant les hypothèses permet de créer un plan qui visualise les options possibles en fonction de la réalisation (ou pas) de ces hypothèses.
Si la vision du produit contient une hypothèse H telle que :

```
H : accord prévu avec notre partenaire espagnol début 2014
```

[3]Voir aussi les diapos de ma conférence Vision : un sacré attracteur.

[4]La planification n'est pas dans le périmètre de ce livre dédié à l'expression de besoins agile.

la feuille de route visualise ces deux possibilités (H ou non H), dans la mesure où il est impossible actuellement de privilégier l'une plutôt que l'autre.

Si cette hypothèse est avérée (elle passera dans la branche "faits" de la vision) le plan actuel prévoit une adaptation du produit à ce déploiement espagnol en trois versions incrémentales.
Si cette hypothèse est invalidée, alors le produit se concentrera sur un renforcement en France.

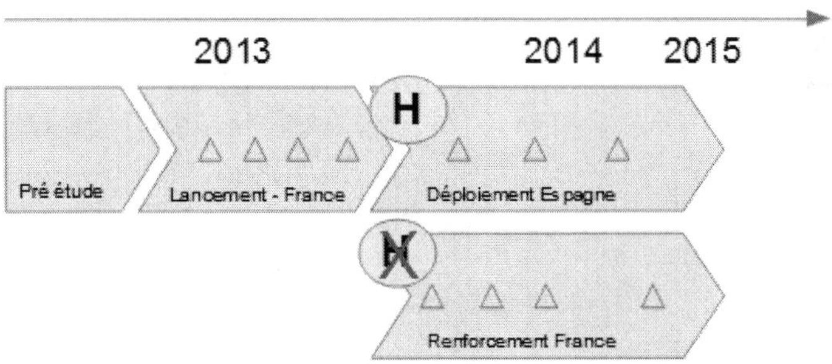

Feuille de route

Une feuille de route n'est pas une "carte de tous les possibles". En fonction des hypothèses décrites dans la vision, elle visualise le choix le plus probable.

Une autre information facilement transmise par la feuille de route est la *confiance* dans le plan. Elle peut être indiquée par un indice de confiance[5] attribué à chaque option. Cet indice de confiance est une valeur comprise entre 1 et 5.
Il est important de noter que la feuille de route (comme tout

[5]Le principe de *réflexion* de l'Extreme Programming suggère de s'inspirer de la vie quotidienne pour améliorer les pratiques professionnelles, voir XPE2E dans la bibliographie.

plan agile) est très régulièrement mise à jour. Une “date limite d’utilisation optimale” (DLUO) peut être indiquée sur la feuille de route. Cette DLUO dépend du rythme de mise à jour régulière (hors mise à jour opportuniste). Chaque *mise en exploitation* devrait être *a minima* un prétexte à amender la vision et la feuille de route.

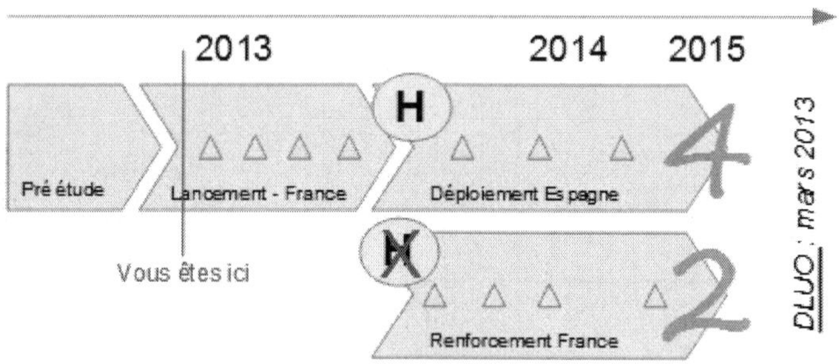

Indice de confiance et DLUO

10.3 Créer et maintenir la vision

Un atelier - c’est-à-dire la rencontre de plusieurs Spécifieurs - reste une pratique de base.
Lors de ces ateliers, les composants de la vision sont élaborés au tableau blanc. L’animateur dessine la carte mentale retenue (voir ci-dessus). Les propositions des participants sont consignées au tableau. La vision apparaît progressivement. Il est tout à fait normal qu’un élément soit considéré comme objectif et devienne “enjeu”... ou inversément.
Un atelier bénéficie d’un “gardien du temps” qui annonce régulièrement le temps restant.

Plusieurs sessions peuvent être nécessaires pour obtenir une vision satisfaisante.

10.3.1 Jouer pour établir et maintenir la vision

De nombreux jeux existent aujourd'hui pour :

- comprendre les attentes des Utilisateurs,
- conceptualiser le produit,
- améliorer le produit,
- innover.

Ces jeux sont décrits sur les sites tastycupcakes.org[6], GameStorming[7] ou bien sur innovationgames.com[8][9].
Ci-dessous quelques jeux particulièrement utilisés dans la communauté agile.

SpeedBoat
Ce jeu permet d'identifier les freins, ce qui manque au produit.

Prune the Product Tree
Ce jeu a pour objectif d'aider à établir une feuille de route, basée sur des choix stratégiques.

Product Box
La "boite produit" consiste à créer - au moins simuler - la boite de distribution du produit. Au recto l'argumentaire, au verso les caractéristiques qui supportent cet argumentaire.

---

[6]http://tastycupcakes.org/tag/customer-understanding/

[7]http://www.gogamestorm.com/?

[8]http://innovationgames.com

[9]innovationgames.com est une marque déposée.

Ces jeux se jouent en groupe, lors d'ateliers qui réunissent tout ou partie de l'équipe des Spécifieurs.

10.3.2 Maintenir la vision

La vision n'a pas été inventée par l'agilité (contrairement aux user stories par exemple). Lorsque la vision - y compris les objectifs du produit en terme de valeur métier - s'inscrit dans un cycle sans feedback concret ni rapide, la question de son maintien a peu d'intérêt.
Agiliser la vision consiste à la rectifier régulièrement, la *maintenir*, en tenant compte des événements "aléatoires" et du feedback concret du terrain.

10.3.3 Pratiques Lean

Go & See
Cette pratique (voir le chapitre Features), qui consiste à visiter les Utilisateurs, aide à construire la vision. Les faits, les objectifs seront d'autant mieux retranscris qu'ils font écho à une réalité connue.

SIPOC
Cette pratique permet de mieux comprendre le *métier*, sa raison d'être en terme de *processus* de transformation d'entrées en sorties : produits livrés aux Clients.
SIPOC[10] est l'acronyme de :

- Supplier : qui sont les fournisseurs

[10]Voir la page SIPOC.

- Input : les entrées (et éventuellement les paramètres descriptifs de ces entrées)
- Process : le processus métier dans lequel s'inscrit le produit objet de la vision
- Output : les sorties du processus (éventuellement les paramètres)
- Customer : les Clients et Utilisateurs de ces sorties (parfois distincts).

SIPOC est particulièrement efficace pour créer une vision partagée du "métier", condition *sine qua non* à la création d'une vision réellement partagée.

10.3.4 Le test de l'ascenseur

Enfin, une pratique simple et très utile pour vérifier la concision de la vision[11].
Il s'agit de décrire la vision du produit - faits, hypothèses, objectifs, principales personas et caractérisques et thèmes - en moins d'une ou deux minutes. Imaginez que vous croisez au bas du gratte-ciel la personne chargée d'attribuer le budget. Vous avez le temps de montée de l'ascenceur pour la convaincre[12].

L'alignement entre enjeux, objectifs, caractéristiques est particulièrement important dans ce test. En effet, c'est la démonstration de cet alignement qui peut être décisive, par exemple dans l'obtention d'un budget.

[11]Elevator Pitch Links.

[12]Voir cet article de Fabrice Aimetti sur le test de l'ascenseur.

Être agile

L'agilité propose des concepts - stories, features, visions - et des pratiques telles que "maintien du backlog" ou "story mapping". Or, c'est la *démarche* elle-même qui est radicalement différente. Nous pourrions imaginer une chronologie de projet telle que :

- phase de spécifications (écriture de stories, de tests, priorisation)
- phase de développement, basée sur des itérations : peu de changement dans le backlog
- phase de recette finale.

Dans cette mise en oeuvre, chaque itération est un court cycle en V dans lequel le Product Owner, les Spécifieurs déterminent le contenu de l'itération lors du "sprint meeting" et valident le développement lors de la revue d'itération ("sprint review").
Ce double niveau de cycle en V n'est pas très agile. Bien au contraire, les spécifications *émergent*, petit à petit. "Petit à petit" est d'ailleurs un principe agile.

11 Démarche

Les niveaux d'expression de besoins :

- Stories : les scénarios d'utilisation du produit,
- Features : ses caractéristiques fonctionnelles et non fonctionnelles,
- Vision : objectifs du produit.

sont créés et maintenus tout au long de la vie du produit. Fondamentalement, deux démarches se complètent, jour après jour : du particulier au général et inversement.

11.1 Analyse

Une démarche analytique consiste à commencer par le plus haut niveau puis "descendre" vers les détails. Selon Wikipedia[1],

> dans les domaines techniques, cette approche consiste à concevoir le sujet d'études ou le produit dans les grandes lignes, puis, itérativement, à s'intéresser à des détails de plus en plus fins.

Concrètement, cela se traduit par une initialisation de ces artefacts dans l'ordre :

1. Vision,

[1]Approche ascendante, descendante.

2. Backlog de features,
3. Backlog de stories.

Ces éléments d'expression de besoins sont ensuite maintenus en fonction d'une part des feedbacks correspondants, d'autre part des événements qui jalonnent la vie du produit ou impactent son contexte.

Vision
Une première ébauche de vision est établie, à partir de discussions et de pratiques ludiques telles que "product box". Cette version 0 de la vision offre une première liste de *personas* (ou simplement *rôles*) et thèmes ou features du produit, en plus des objectifs.
La vision est portée par le Product Owner. Les objectifs du produit sont priorisés, projetés dans le temps (c'est la feuille de route du produit).

Features
De cet artefact de vision découle un premier backlog de features, peut-être plus détaillé que les caractéristiques à forte valeur ajoutée de la vision. Les features sont priorisées.

Stories
Viennent enfin les premières stories et leurs critères d'acceptation.

Cette démarche analytique descendante est à ce point ancrée que bien des formations réputées "agiles" la présentent comme seule alternative. Or, l'agilité est basée sur l'émergence des spécifications.

11.2 Synthèse

Une approche synthétique part du niveau le plus fin et consolide peu à peu l'ensemble. Par nature, cette démarche est plus ouverte. En effet, elle permet l'expression d'initiatives de l'équipe non encadrées - limitées - par une vision pré-établie.
La synthèse est particulièrement adaptée dans un contexte flou et/ou incertain d'exploration des besoins ou plus généralement de produit innovant.

Stories
Les membres de l'équipe sont invités à rédiger des stories. Cela forme un ensemble de "stories candidates" (d'où l'utilité d'un bac à sable dans l'outil de gestion des stories). C'est un environnement idéal pour l'innovation, **l'émergence d'idées nouvelles**.
Les premières stories ne sont pas parfaites.
C'est normal.
Souvenez-vous : vous êtes agile ! Vous apprenez en faisant.
Être agile, c'est être confiant en notre capacité à apprendre, à nous améliorer.

La question que se pose le Product Owner est :
"Quelle histoire(s) d'utilisation ai-je envie de raconter à propos de mon produit ?"

Features
Les stories sont évaluées (par les Spécifieurs) en termes de pertinence et valeur métier. Les stories sont alors regroupées, *synthétisées* en features.

Vision
Enfin, la vision est élaborée en terme de *synthèse* des propositions. Cela permet au passage de vérifier l'alignement de la

solution par rapport à l'organisation.

Un exemple de démarche ascendante : le "7 / 3 / 1"
7/3/1 est une pratique de design de jeu vidéo[2]. Elle consiste, à partir d'une demande sommaire du Commanditaire (le Product Owner), en une réduction progresive des concepts de jeu proposés.

1. Dans un premier temps, les Game Designers proposent sept idées de design ; ces idées sont rapidement exprimées (rapide story boarding, croquis de l'univers du jeu...) ;
2. Ces sept idées sont proposées au Commanditaire, qui en retient trois ; ces trois idées peuvent être un mélange des sept premières ; elles sont alors raffinées par l'équipe ;
3. Les trois idées retenues sont ensuite montrées au Commanditaire qui doit retenir un seul concept de jeu, ce concept pouvant être un mélange des trois idées.

Le concept du jeu est enfin prototypé (preuve du concept). Un *Minimum Viable Product* permet de vérifier l'intérêt des joueurs.

Cette démarche est synthétique. Elle part de plusieurs idées (l'étape "7"). Cela laisse libre cours à la créativité des Designers. Elle consiste en une "mise en concurrence" de plusieurs solutions, ce qui évite la "pensée unique" de l'équipe.

[2]7/3/1 a été mis au point à l'Université Paul Valéry de Montpellier, par l'équipe enseignante (dont je fais partie) du cursus "Création d'univers vidéo-ludiques" (UFR Arts plastiques).

11.3 Spécification agile

11.3.1 Équilibre des démarches

Trouver l'équilibre entre analyse (descendante) et synthèse (ascendante) est la difficulté du Product Owner. Une erreur classique consiste à miser exclusivement sur l'analyse (vision puis features puis stories), ce qui ferme prématurément la porte à des initiatives devenues *ipso facto* hors propos.
Une solution consiste à *alterner* des périodes d'analyse et d'autres de synthèse. Nous sommes ici au coeur d'une expression vraiment agile des besoins.

```
démarche ascendante = fonction (degré d'innovation);
```

Au plus le produit est innovant, au plus la démarche est ascendante.

11.3.2 Spéficications émergentes

Cet équilibre, cette alternance, entre démarche ascendante et descendante autorise l'émergence des spécifications.
D'une part la démarche ascendante favorise l'innovation, la création car elle n'est pas "enfermée" dans un cadre prédéfini. D'autre part, la démarche descendante assure la cohérence de l'ensemble.

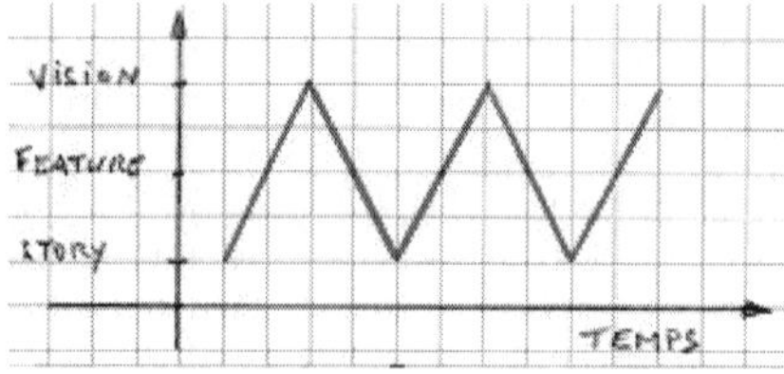

Démarche agile

Être agile consiste à itérer synthèses et analyses.

Le facteur “temps” est une différence importante entre la “grosse spécification du début” et la spécification émergente en agilité. Pouvoir spécifier tout au long du projet laisse du temps à la “maturation” de propositions. Ce phénomène de maturation n’est pas nécessairement explicite, réfléchi.

11.3.3 Pilotage par feedback

Le feedback est essentiel en agilité. Il est le moteur de l’amélioration continue, du “cercle de la vie” agile[3].

- Le Spécifieur écrit une story
- Le Développeur l’estime
- Le Spécifieur la planifie
- Le Développeur la réalise
- Le Spécifieur la valide.

Ce cycle fournit de nombreux feedbacks au Spécifieur. À lui de les utiliser pour s’amélirorer, petit à petit, dans chacune de ses activités (expression de besoins, planification, validation).

[3]C’est Ron Jeffries qui avait proposé ce cercle d’apprentissage agile.

11.4 Spécification propre

Quelle que soit la démarche retenue par l'équipe - probablement un équilibre entre analyse et synthèse - il est important de maintenir la cohérence des éléments d'expression de besoins.

11.4.1 Alignement

La vision est "alignée" : les objectifs du produit sont en cohérence avec les faits et hypothèses de travail. Les thèmes, les personas sont en harmonie avec les objectifs.
Il devrait en être de même pour les autres artefacts.

- Les features sont-elles alignées avec la vision ?
- Existe-t-il une story non rattachée à une feature ?
- Cette feature est-elle encore pertinente ?
- Ne faut-il pas la supprimer ?
- ...

11.4.2 Clean Specifications

Si le Product Owner est en dernière analyse responsable de la qualité des artefacts d'expression de besoins, chaque Spécifieur peut appliquer la règle du "boy scout".

> Uncle Bob in Clean Code states, "the Boy Scout Rule tells us we should leave the code cleaner than we found it." Another words, when we make changes to

> the code base, we should make sure we are leaving
> it (checking in to repository) cleaner[4].

Appliquée aux spécifications, la règle du Boy-Scout consiste à maintenir des artefacts propres :

- Supprimer les spécifications “mortes”[5] (qui n’ont plus aucun intérêt),
- Vérifier l’absence de doublons,
- Archiver ou simplement supprimer les spécifications implémentées.

Clean Specification et Clean Code : les deux piliers d’un beau produit.

---

[4]The Pragmatic Craftsman The Boy Scout Rule.
[5]En écho au “code mort” dans les logiciels.

12 Intelligence collective

Peut-être l'avez-vous noté : le 11ème principe agile est hermétique.

> Les meilleures architectures, spécifications et conceptions émergent d'équipes autoorganisées.

Faire émerger les spécifications : c'est le propos du chapitre "Démarche".
Mais que vient faire l'équipe auto-organisée dans cette affaire...
Et en quoi "favorise-t-elle" l'émergence de *meilleures* spécifications ?
Intelligence collective ?

12.1 Spécifier par Consentement

Georges Brassens le chantait déjà :

> Sans technique un don n'est rien qu'une sale manie.

La meilleure volonté ne suffit pas à canaliser les personnalités. Un protocole, une *discipline* nous aident à communiquer. Nous l'appliquerons d'autant plus que nous pratiquons l'auto-amélioration de nos pratiques, par exemple grâce aux rétrospectives de Scrum. Autrement dit, nous respectons d'autant plus les pratiques qu'elles nous appartiennent et que nous pouvons les modifier, voire les éliminer.

Comment éviter l'emprise d'une personne sur le groupe et par là bloquer la créativité, l'expression des autres membres ? Dans cet ordre d'idée, comment éviter la frustration qui apparait lorsque, pour telle ou telle raison, il n'est pas possible de s'exprimer ? Comment assurer un véritable *accord* sur une proposition ? Un accord sans réserve ? Quel cadre pour susciter, soutenir et exprimer l'intelligence collective ?

La **gestion par consentement**, issue de la sociocratie, est un protocole de collaboration qui va bien au-delà de la prise de décision. Il *favorise* la collaboration en créant un **cadre de sécurité** dans lequel chacun s'exprime sereinement. Les personnes timides y trouveront un espace qui les autorisera à parler sans crainte. Les personnes naturellement extraverties, promptes à prendre la parole sans jamais la rendre découvriront la richesse de l'intelligence collective, basée sur une répartition *démocratique* de la parole.

SCOP : le capitalisme démocratique, sociocratie : la gouvernance démocratique.

La gestion par consentement n'est pas un vote majoritaire. Ce n'est pas nécessairement la proposition qui aurait eu le plus de voix qui est choisie. Ce n'est donc pas la recherche d'un "consensus" c'est-à-dire d'une décision qui satisfera certains et déplaira aux autres. Le consensus est le fonctionnement actuel de notre politique : la droite est quasi systématiquement contre les propositions de gauche et inversement, bien que chacun accepte la majorité sortie des urnes.
Ce n'est pas la recherche d'une solution *optimum* et parfaite.

12.1.1 Consentement ou délégation ?

La plupart des spécifications sont le fait d'une personne. Elle a le pouvoir - et la responsabilité - correspondant

- d'une part au niveau de spécification considéré (feature, story),
- d'autre part au domaine ou au "périmètre" de la spécification.

Ce qui n'interdit pas la concertation, la discussion, la collaboration.

Prenons un exemple : le "Proxy Feature" correspond à un représentant, un délégué, du Product Owner pour une feature donnée. Il a le pouvoir de rédiger des stories (y compris leurs tests d'acceptation) qui raffinent la feature.

Toutefois, certaines spécifications de par leur nature stratégique, structurante, ou tout simplement floue, bénéficient du double effet de la gestion par consentement :

- intelligence collective
- consentement.

12.2 Consentement : le protocole

Les participants constituent le *cercle*. Un *animateur* participe au cercle. Le ScrumMaster (dans Scrum) peut jouer ce rôle ou bien toute autre personne, pourvu qu'elle ait été *formée* à l'animation

d'un cercle.
L'animateur est le gardien du temps, éventuellement le scribe. Il peut aussi déléguer ces responsabilités.

12.2.1 Cercle et parole

Prenons le cas d'une session consacrée à la vision du produit.

- Le Product Owner
- Des Utilisateurs experts ou "pilotes"
- Un testeur fonctionnel
- Un représentant I.T. (développement et opérations)

participent à la session, ils forment le cercle. Ce dernier est représenté par son centre. Ce lieu qui symbolise le cercle lui-même est le dépositaire de la *parole*. Ainsi, "prendre" la parole suppose qu'elle est ensuite "remise" au centre.

Il existe deux type de prise de parole.
Elle peut être "aléatoire", lorsque l'un des participants souhaite s'exprimer. Ou bien l'animateur peut provoquer un "tour de parole" afin que chacun ait l'opportunité de s'exprimer, à tour de rôle.

Afin d'éviter toute ambiguïté, prendre la parole peut se préciser en disant

> "Je prends la parole".

De même, une simple expression indique aux autres participants que vous avez terminé de parler.

"Je remets la parole au centre" ou bien "j'ai terminé".

Ce protocole simple de prise (et de remise) de parole évite les frustrations, les "bagarres" pour prendre la parole. Lorsque *j'ai la parole*, je sais que je la conserve sans interruption, jusqu'au moment explicite où je la rends. Lorsque je n'ai pas encore la parole, je sais que je pourrai la prendre et parler sans être interrompu.

12.2.2 Le cadre de sécurité

Ce cadre est posé au préalable.
Il s'exprime en termes de confidentialité, liberté de parler ou se taire...

Confidentialité
L'une des règles essentielles est la confidentialité éventuelle des débats. Pouvoir s'exprimer afin de participer au débat, sans risquer de futurs reproches.

Responsabilité
Cela consiste à devoir *répondre* de quelque chose. Et elle ne peut fonctionner que si j'ai le choix d'être responsable.

12.2.3 Déroulement

Le protocole de spécification par consentement est constitué d'étapes précises, complémentaires, **non optionnelles**.

Objectif de la session
Cela va sans dire... Mais il est utile de rappeler la raison d'être de la session. Dans notre exemple elle pourrait s'exprimer ainsi :

`Créer une première version de la vision produit.`

L'animateur peut provoquer un tour de parole afin que chacun s'exprime rapidement. C'est une déclinaison de la pratique *check-in* des core protocols.

Élaborer et présenter une proposition
La parole est au centre et chacun peut la prendre (et la rendre...). Cette phase est un échange dont le but est d'obtenir une proposition. Attention à un point important : c'est une proposition certainement imparfaite. Les étapes suivantes permettront de l'améliorer jusqu'à obtenir un consentement.

Dans notre exemple, cette étape d'élaboration pourrait consister à échanger sur

- les faits
- les hypothèses
- les objectifs.

Une autre approche pourrait consister à émettre des stories afin de les synthétiser dans une vision.
La proposition émise est (ici) une ébauche de vision.

Une restitution de travaux précédents permet le cas échéant de démarrer la discusssion.
Concrètement, cette phase d'élaboration représente un tiers ou la moitié du temps global. La connaissance des autres étapes aide à comprendre ce qui est attendu de cette première partie de la gestion par consentement et la raison de sa durée relativement courte, par rapport à la totalité de la réunion.
Dès qu'un participant le souhaite, il peut émettre une proposition. C'est alors la fin de cette phase préliminaire. La proposition

est écrite au tableau car c'est elle qui focalise l'attention désormais. Cette première version va alors être amendée, probablement plusieurs fois, avant d'arriver à la version finale.

Clarifier et amender
Un tour de parole est alors effectué afin que chacun puisse demander des clarifications. Il s'agit de clarifications, rien d'autre. Ensuite chacun peut exprimer son *ressenti*, en particulier ses *besoins*, qu'ils soient ou non couverts par la proposition.
Vient enfin le temps des amendements : des éléments de la proposition peuvent être modifiés, ajoutés, retirés, en fonction de ce qui vient d'être exprimé en termes de clarification et ressenti.

Dans notre exemple, une demande de clarification porte (c'est un exemple) sur un élément de la vision ou plus simplement sur son alignement. Un besoin pourrait être de rappeler tel fait (contexte del la vision) ou bien de rajouter telle hypothèse.

Cette étape se termine lorsque les amendements issus des demandes de clarification sont tous consolidés dans une nouvelle version de la proposition.

Formuler les objections
Un tour de parole est alors consacré aux éventuelles objections. Attention, il s'agit d'émettre une objection, sensée être "sérieuse et raisonnable". Une objection n'est pas une opinion. Elle est une limite. Elle exprime une *tension* entre la proposition d'une part et ce qui est souhaité, espéré, demandé d'autre part. Cette tension ou frustration est alors une opportunité d'amélioration.
Une objection est *offerte* au cercle.
Elle est exprimée... Elle "sort".

Tout ce qui m'empêche de soutenir la proposition est une objection. Le fait même de l'offrir au cercle m'aider à préciser son degré de “sérieux”.

Le fait de penser à une proposition alternative qui semble mieux n’est pas une objection et ne rentre donc pas dans le cadre de cette étape.

Reste à traiter chacune de ces objections.

- Est-elle raisonnable ?
- Supprime-t-elle la proposition ?

Le résultat de cette étape est probablement une liste d’objections retenues car raisonnables et devant être traitées pour permettre un véritable consentement, basé sur une proposition améliorée qui répond aux objections.

Améliorer par les objections
La parole est à nouveau au centre. Chacun peut proposer une solution afin d’améliorer la proposition et ainsi lever les objections. Dès qu’une nouvelle proposition est prête, l’animateur provoque un tour de parole afin de vérifier l’actualité des objections.
La liste des objections ouvertes devrait diminuer tour après tour.

Consentement ?
Lorsque toutes les objections sont levées, l’animateur lance un dernier tour de parole *afin que chacun consente explicitement à la proposition.*

> “Je consens”.

Il est temps de fêter l’adoption de la proposition.

12.3 Beauté du consentement

Cette pratique peut être perçue comme très contraignante. Effectivement, c'est une *discipline* de collaboration. Elle est en vérité une véritable *contrainte libératrice.*
En effet, elle libère la créativité de chacun, dans un cadre qui assure le "centrage" des participants. Le centre du cercle peut être effectivement représenté par un objet, un signe, qui focalise l'attention.

Toutefois, il n'est pas facile : jouer le jeu de la gestion par consentement demande parfois un *lâcher-prise*, une diminution de l'importance personnelle, de l'égo. D'où l'importance d'un animateur qui saura gérer ces situations personnelles.

Ce protocole de gestion par consentement peut s'appliquer aux autres activités du développement :

- choix de solution technique
- mise au point d'un mécanisme général de conception
- valeur métier de features
- ...

Adapté, ce protocole permet d'élire un membre de l'équipe à une fonction telle que ScrumMaster (c'est "l'élection sans candidat").

La gestion par consentement est la base d'une gouvernance dynamique telle que la sociocratie. Elle "réifie" l'intelligence collective. La mêlée quotidienne (le scrum meeting ou stand up meeting) est un cadre qui permet aux Développeurs de s'auto-coordonner, un ScrumMaster jouant si nécessaire le rôle d'animateur. De même, ce protocole de gestion par consentement libère la créativité, l'élaboration collective.

$1 + 1 = 3$

Modélisation agile

13 Unified Modeling Language (UML)

13.1 Les règles de la modélisation agile

Modéliser consiste à représenter un système - existant ou en devenir - grâce à des concepts d'une part et des signes graphiques qui expriment ces concepts d'autre part. Cette représentation est nécessairement une simplification, voire une caricature de la réalité.
Si "un dessin vaut mieux qu'un long discours", il reste que cela dépend des personnes : certains préfèrent un long discours ! Attention donc à ne pas imposer la pratique de modélisation agile.

13.1.1 Concept, élément de modélisation, représentation

Le Unified Modeling Language (UML) est un langage de modélisation. UML est un langage, il permet de communiquer et de penser, tout comme la langue française ou occitane.
L'un des concepts essentiels de ce langage est l'*objet*.

> "Un objet est une unité atomique formée de l'union d'un état et d'un comportement... Il révèle son vrai rôle et sa vraie responsabilité lorsque, par l'intermédiaire de l'envoi de messages, il s'insère dans un scénario de communication." Pierre-Alain Muller[1]

[1] *Modélisation objet avec UML* Pierre-Alain Muller, éditions Eyrolles

Un objet est représenté par un rectangle dont le label est souligné (dans le langage UML).
Ce concept d'objet est alors utilisé pour représenter des systèmes existants ou à créer. Considérons le système solaire. Ce système contient plusieurs objets : le Soleil, la Terre, etc.

Système solaire

Une classe est un domaine de définition d'objets similaires. Les classes peuvent être associées de différentes façons : la relation entre un propriétaire et sa voiture n'est pas exactement de même nature que celle entre la voiture et le moteur qui est l'un de ses composants : le moteur est un composant de la voiture, pas le propriétaire[2].

[2]Dans le cas contraire, la situation dépasse le cadre de la simple modélisation.

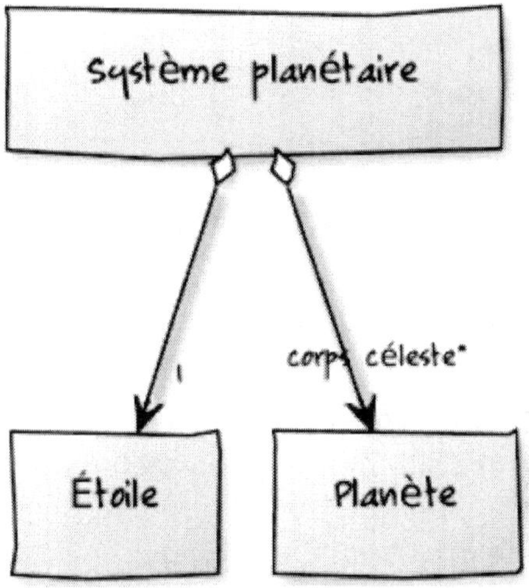

Modélisation du Système solaire

Le diagramme ci-dessus[3] visualise cinq éléments de modélisation :

Concept	Élément	Visualisé par
Classe	Système planétaire	Rectangle
Composition	Corps céleste	Losange noir
Classe	Planète	Rectangle
Composition		Losange noir
Classe	étoile	Rectangle

Ce diagramme représente la structure (partielle) d'un système planétaire. Selon ce diagramme, ce système est constitué :

[3]Diagramme réalisé grâce à yuml.me.

- de plusieurs planètes qui jouent le rôle de "corps célestes" dans le système
- d'une seule étoile.

L'association est une relation entre classes : par exemple entre une voiture et un propriétaire.

13.1.2 Qui modélise ?

Plus exactement, quel est le point de vue de la modélisation ? Un même système est modélisé différemment, en fonction du point de vue.
Le Product Owner modélise une expression de besoins, le Développeur modélise une conception, une implémentation, une architecture matérielle/logicielle... Tous ces modèles sont des représentations différentes du même système.

Un modèle est constitué par :

- un point de vue,
- des éléments de modélisation, organisés éventuellement en "répertoires" (ce sont les paquetages d'UML) ; ces éléments sont accessibles depuis la partie "navigateur" du modeleur UML,
- des diagrammes qui visualisent ces élémens de modélisation, également organisés en répertoires ou paquetages.

13.2 Valeurs agiles et modélisation

Une modélisation est agile lorsqu'elle respecte les valeurs :

- Communication : modéliser en groupe, partager les modèles,
- Feedback concret et rapide : confronter la modélisation à la réalité du produit,
- Simplicité : ne pas abuser des techniques complexes de modélisation, utiliser un tableau blanc pour élaborer (en groupe) la modélisation.

Le produit mis en exploitation constitue un feedback concret, contrairement à un modèle (ou un document).
Éviter un stock trop important de diagrammes sans feedback concret.
Un modèle devient rapidement obsolète, sans maintien "permanent".

13.2.1 Un "bon" diagramme

De même qu'un code-source de programme est destiné à un compilateur ou interpréteur, mais aussi à un autre humain, de même un diagramme est destiné à être vu par une personne.
Un "bon" diagramme devrait donc respecter quelques règles simples :

- répondre à un seul objectif : diagramme général (les classes, leurs relations) ou bien diagramme détaillé : quelques classes et leurs détails : les attributs, les responsabilités ;
- comporter quelques éléments, de l'ordre de 3 à 7, 10 étant un maximum. Se pose ici la question de l'esthétique, de l'ergonomie d'un diagramme, de sa lisibilité tout simplement ;

- être accessible à ses lecteurs : UML fourmille aujourd' hui de concepts et formalismes avancés, attention à ne pas compliquer la tâche des Utilisateurs des diagrammes.

Il résulte de ces règles simples qu'un modèle (modèle métier, modèle d'expression de besoins) devrait être constitué de plusieurs diagrammes complémentaires et lisibles.

Comme toujours en agilité, confronter rapidement un diagramme à ses lecteurs est un bon moyen d'obtenir un feedback : les diagrammes sont-ils agréables à lire ? Pertinents ?

Enfin, une question qu'il faut bien se poser : la modélisation est-elle vraiment utile ? Est-elle autre chose que la reformulation de ce que tout le monde sait déjà ? Pour qui cette reformulation est-elle vraiment utile ?

13.2.2 La question de l'outil

Une modélisation agile utilise un tableau blanc.
Si ce partage éphémère ne suffit pas, alors un "paper-board" permet d'afficher des diagrammes sur le radiateur d'information.
Une photo du tableau, imprimée au format A3, est aussi un bon moyen de *communiquer* une modélisation.
Une étape supplémentaire consiste à utiliser un "modeleur" UML ; il en existe beaucoup, gratuits, payants... Attention à la perte de temps engendrée par ce type de logiciels : l'important devient leur utilisation, plus que la finalité de la modélisation elle-même.

13.3 Modélisation métier

Ces premiers concepts “objets” : classe, relations entre classes, permettent de démarrer une modélisation métier, c’est-à-dire une représentation de ce qui est “manipulé” par les Utilisateurs.

- Quelles sont les classes candidates, qui semblent avoir un intérêt dans la modélisation ?
- Quelles relations entre ces classes (association, composition...) ?
- Quels diagrammes pour représenter ces éléments de modélisation ?
- Quel attribut (information) pertinent pour chacune des classes ?
- Quelles responsablités des classes : leur rôle dans le système ?

13.4 Cas d’utilisation agile

Modéliser un système en “cas d’utilisation”[4] consiste à représenter ce système à partir des concepts essentiels : *acteur* et *cas d’utilisation.*

[4]Je vous recommande les livres de Pascal Roques pour approfondir la modélisation UML.

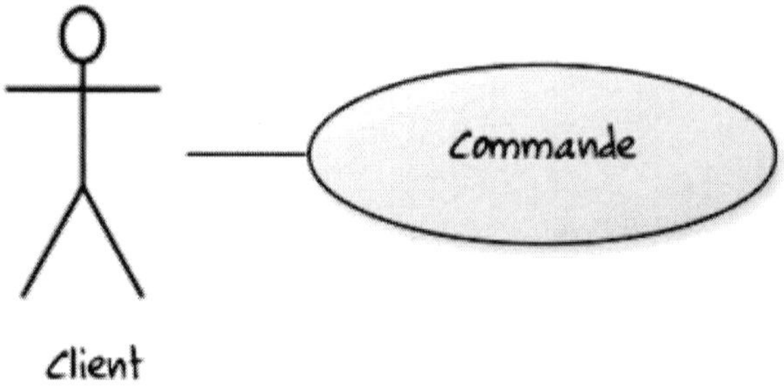

Acteur et cas d'utilisation

Ce diagramme représente trois éléments de modélisation :

- Client : un acteur, c'est-à-dire quelqu'un (ou un autre système) qui interagit avec le système ;
- Commande : un cas d'utilisation *ie* un ensemble d'interactions qui constituent la **situation** d'utilisation du système désignée par "Commande", cette situation doit offrir une valeur ajoutée à l'un des acteurs du système ;
- La relation de "communication" entre Client et Commande (le trait plein entre l'acteur et le cas). La relation de communication s'apparente à une association entre classes.

Concept	Élément	Visualisé par
Acteur	Client	Silhouette fil de fer
Communication	utilisation du système	ligne continue
Cas d'utilisation	Commande	Ellipse

13.4.1 Cas d'utilisation et acteur

Un **cas d'utilisation** est un ensemble d'interactions qui correspondent à une **situation** d'utilisation du système. Ces interactions sont décrites dans une "description textuelle" du cas. Un cas d'utilisation étant une situation, un substantif est utilisé pour le désigner.
Un **acteur** est externe au système et interagit avec lui. Cette distinction - dans ou hors système - peut être une véritable question : quelles sont les limites du système que l'on étudie ?
Enfin, acteurs et cas sont liés par une relation de "communication" qui représente la capacité à interagir avec le système de l'acteur.

Une erreur fréquente est de confondre cas d'utilisation et décomposition fonctionnelle. Les cas d'utilisation sont des ensembles d'interactions. À ce titre, leurs relations constituent une *organisation de ces interactions*, non une décomposition[5].

Des questions simples permettent d'obtenir acteurs et cas.

- Quels sont les éléments externes au système, qui interagissent avec lui : humain, autre systèmes ?
- Dans quel cas, quelle situation, tel acteur communique-t-il avec le système ?

Attention à ne pas cumuler trop d'acteurs, de cas, sans feedback concret et rapide.

Modélisation agile : les cas d'utilisation émergent.

---

[5](Commande) inclut (Connexion) signifie que les interactions du cas Connexion sont incluses dans les interactions de Commande. Cela évite de copier n fois les interactions de Connexion. Il existe aussi la relation "extend" ainsi que l'héritage.

13.4.2 Description textuelle

La description textuelle s'élabore petit-à-petit.
Dans un premier temps, le nom du cas suffit amplement à constituer le "cartouche d'entête". Plus tard, d'autres informations viendront le compléter, *si nécessaire*. Par exemple un court résumé descriptif du cas ou bien la liste des acteurs "impliqués" dans ce cas.

Le "corps" de la description est un ensemble d'interactions décrivant les échanges entre l'acteur et le système (le logiciel). Les diagrammes présentent les relations entre cas et acteurs, il sont indissociables des descriptions textuelles.

Commande
Le site marchand affiche la page d'accueil (*cf.* croquis ci-après)
Le Visiteur saisit les premières lettres de la gare de départ
Le site affiche une liste de choix correspondant aux lettres saisies
Et affine ces choix en fonction des lettres
...

Un croquis accompagne la description textuelle.
L'élaboration d'un cas d'utilisation agile est progressive, émergente. Elle dépend des feedbacks des Développeurs, des Utilisateurs. Attention à ne pas aller trop loin dans la description textuelle sans feedback.
Il peut être pertinent de commencer par des cas d'utilisation et continuer ensuite en user stories lorsque cette modélisation devient inutile.

13.4.3 Du cas d'utilisation aux user stories

Indéniablement, cas d'utilisation et user stories ont des points communs.

- Point de vue externe au système,
- Expression de besoins basée sur les interactions.

La similitude s'arrête là.
D'une part, les user stories misent sur la communication orale, les tests d'acceptation.
D'autre part le niveau de détail est sensiblement différent. Un cas d'utilisation, comme le nom l'indique, est constitué d'interactions qui représentent un scénario *complet*, plus précisément une *famille* de scénarios, y compris les cas particuliers. À l'inverse, une user story (en tant qu'élément de planification en particulier) est de niveau beaucoup plus fin.

La clé du passage cas d'utilisation –> user stories est de considérer cette transformation comme un story mapping guidé. Les stories sont déduites des interactions.

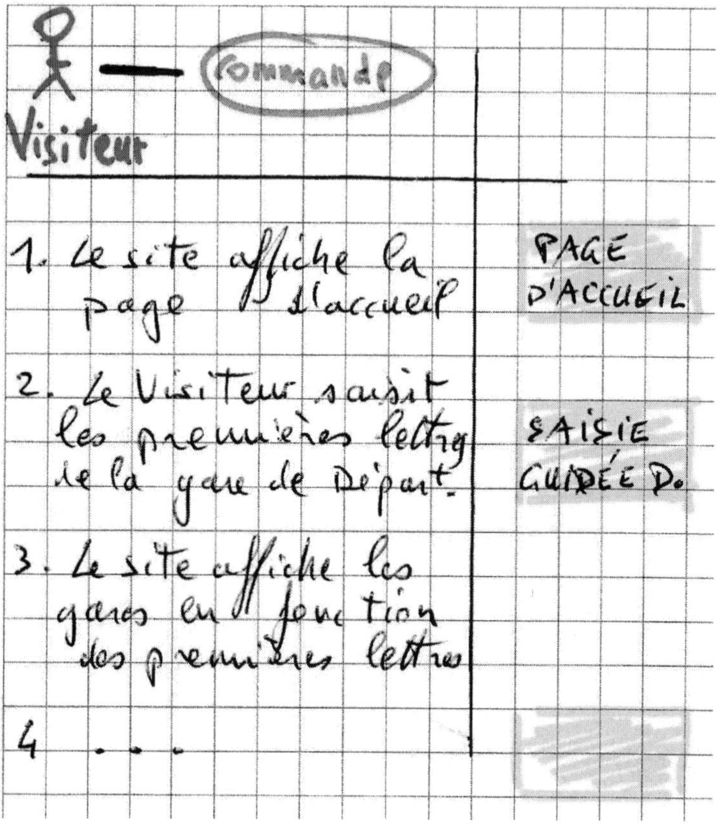

Du cas d'utilisation aux stories

La description textuelle de ce cas d'utilisation (du moins son début) conduit à la création de deux stories :

```
Page d'accueil :: ETQ Visiteur, J'accède à la page
d'accueil du site
```

```
Saisie gare de départ :: ETQ Visiteur JE saisis les
premières lettres de la gare de départ
```

- Une story traduit une interaction.
- Une story traduit plusieurs interactions.
- Plusieurs stories traduisent une interaction.

Tout dépend de la difficulté d'implémentation de l'interaction, de sa complexité.

13.5 Modélisation : pourquoi ?

Une équipe habituée à modéliser l'expression de besoins grâce aux concepts d'UML - acteurs, cas... - retrouve ici des éléments connus. Toutefois, une question se pose. Quel est le chemin le plus facile pour devenir agile : agiliser ses habitudes de modélisation ou bien une rupture en adoptant directement l'automatisation des tests d'acceptation des stories ?

Par ailleurs, une équipe agile - qui pratique les user stories - peut trouver un intérêt à représenter tout ou partie du système par quelques diagrammes. De plus, la transformation cas d'utilisation -> user stories est un guide de story mapping qui permet de donner du sens (d'un point de vue métier) à un ensemble de stories.

14 Systèmes peu ou pas interactifs

La technique des user stories - tout comme celle des cas d'utilisation - suppose une forte prédominance des *interactions* avec l'extérieur dans la nature du système.
Ce n'est pas toujours le cas. Un "traitement batch" (traitement en masse), un produit basé sur un workflow, n'offrent pas toujours suffisamment d'interactions. Lorsque l'estimation d'effort d'une story est rhédibitoire, lorsque les tests d'acceptation se multiplient, il est temps de découper cette story. Si les techniques de découpage ne semblent pas adaptées, c'est peut-être que l'expression du besoin en story n'est pas pertinente.

Cependant, une collecte d'informations sur le *déroulement* du processus non interactif peut être utile, ne serait-ce que pour vérifier le bon fonctionnement du système.

14.1 Diagrammes d'états-transitions

Un objet - par suite une classe - n'est pas une "donnée" uniquement structurelle. Un objet est vu sous deux angles : le structurel, le dynamique. Un logiciel en cours d'exécution est un ensemble d'objets qui s'envoient des messages.
Une modélisation véritablement objet est donc basée sur ces deux angles : structurel, dynamique.
Le structurel est visualisé par les diagrammes de classes. Le dynamique par des diagrammes d'interactions : diagrammes de communication, diagrammes de séquences.

Une autre façon de considérer l'aspect dynamique du système est de s'intéresser aux états et transitions entre états.

14.1.1 Les bases

L'état et la transition sont deux concepts importants d'UML, une transition est un changement d'état. Un état est représenté par un rectangle au angles arrondis. Une transition est représentée par une ligne qui relie deux états.
Un avion peut être "au sol" ou bien "en vol".

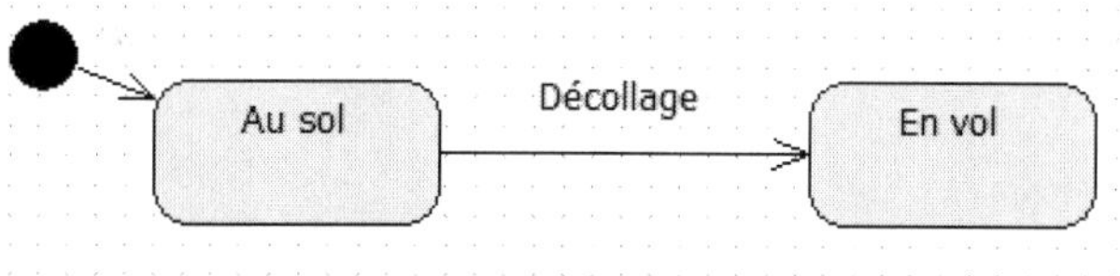

Les états d'un avion

Ce diagramme[1] visualise les états possibles des objets d'une classe Avion.
Le rond noir est l'état initial.
Le diagramme présente deux états d'un avion : au sol et en vol.
Il visualise aussi une transition "Décollage" qui consiste en un changement d'état.

14.1.2 Quelques concepts supplémentaires

Un état est caractérisé par des actions. Un avion *vole* alors qu'il est dans l'état "en vol". Ces actions sont considérées comme "instantanées" lorsque leur temps d'exécution est négligeable.

[1]Les diagrammes de ce chapitre sont réalisés avec starUML.

Dans le cas contraire - l'action "prend du temps" - c'est une activité.

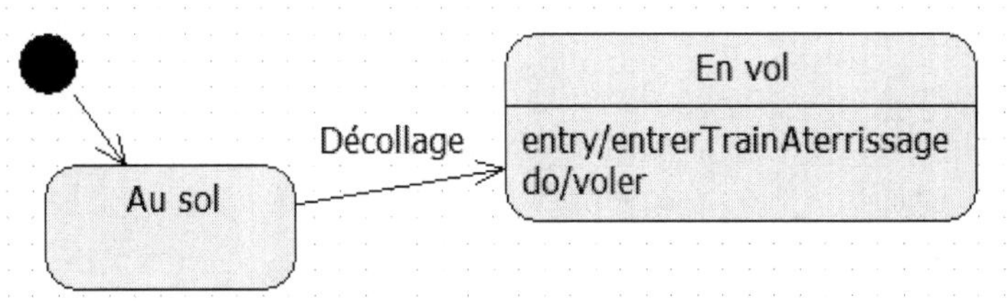

Actions et activités

Un avion rentre le train d'aterrisage lorsqu'il passe dans l'état "en vol". C'est la clause "entry".
L'avion "vole" constamment lorsqu'il est dans cet état.
Ce diagramme visualise plusieurs éléments de modélisation.

Concept	Élément	Visualisé par
État initial		rond noir
État	Au sol	rectangle angles arrondis
État	En vol	rectangle angles arrondis
Transition	Décollage	Rectangle
Action entry	entrerTrainAterrissage	entry/
Activité	Voler	do/

14.2 État-Transition agile

Les transitions, actions, activités sont la base des "stories".

14.2.1 Retour sur les stories

Une story est TRES.

- Testable
- Réaliste : en particulier suffisamment petite pour être terminée dans une itération
- Esthétique
- Sens : elle doit avoir du sens pour l'Utilisateur.

14.2.2 State story

Une *state story* est la déclinaison d'une transition, d'une action, d'une activité en story.

Story Décollage
Classe Avion
État initial transition : "Au sol"
Transition "Décollage"
État final transition : "En vol"

Notez que cette forme de "state story" s'apparente au format "Given When Then" traditionnellement réservé aux tests d'acceptation. Ces tests sont aussi des "spécifications exécutables". Leur forme est donc tout à fait adaptée à la description d'une state story.

Story Rentrée train d'aterrissage
Classe Avion
État "En vol"
Entry : entrer le train d'aterrissage

Une state story est une story : elle est multi-média. La "carte" n'est qu'un composant de la story. Elle est complétée par :

- des critères et tests d'acceptation,
- des conversations.

Tout comme une user story, une state story doit parfois être découpée.

14.2.3 Rester agile

La modélisation structurelle d'une part - classes et relations - dynamique d'autre part - états-transitions - est émergente. Elle est agile lorsque :

- elle est rapidement et régulièrement confrontée à un feedback concret : celui du développement, surtout celui des Utilisateurs
- elle reste simple : pas de "fioriture" UML superflue
- elle est le résultat de discussions entre membres de l'équipe.

14.2.4 Aller plus loin avec UML

UML propose de nombreux concepts et diagrammes. Ce qui a été présenté dans ce chapitre est une base minimaliste. Les diagrammes d'activités, les sous-états, les diagrammes de séquence... Autant de possibilités d'affiner la modélisation.

15 Gestion de parc

15.1 Le contexte

Marthomis est une société de 3.000 personnes dont l'activité principale est l'embouteillage, la distribution et la commercialisation de l'eau de source (gazeuse) du village de même nom. Marthomis est répartie en plusieurs sites : trois sites dans le village et quatre plateformes de distribution en France.
Depuis plusieurs années, les matériels et logiciels à gérer dans le "parc" informatique se multiplient :

- des centaines d'ordinateurs, fixes et portables
- des logiciels (suites bureautiques, systèmes d'exploitation...)
- des "mobiles" (téléphones portables, tablettes...).

15.2 Gérer le parc ?

Plusieurs événements sont à l'origine d'une demande d'évolution du système d'information (SI) dont le but est de mieux gérer le parc informatique[1].
Les mises à jour de systèmes d'exploitation sont devenues laborieuses, le service technique chargé de la maintenance des ordinateurs de bureau est confronté à la multiplication des types de machines et de systèmes d'exploitation. Le déploiement d'une machine pour un Utilisateur est souvent laborieux car

[1] What is IT Asset Management ?

l'installation des logiciels spécifiques à son activité n'est pas standardisée, il devient difficile de refacturer précisément les services des Utilisateurs car les données (leurs ordinateurs et logiciels) ne sont plus fiables. Enfin, un contrôle récent, demandé par un éditeur de logiciels, a montré la méconnaissance du parc en termes de licences achetées *versus* installations.

15.3 Démarche ascendante

15.3.1 Stories

Les premières discussions portent sur les activités directement impactées par une mise en oeuvre d'outil de gestion de parc[2]. Ces ateliers préparatoires réunissent le responsable du parc informatique, futur Product Owner, un technicien de maintenance sur site, la personne chargée des achats et leasings de matériels et logiciels. Rapidement, plusieurs stories forment un embryon de backlog. Par exemple :

Déploiement
ETQ Technicien, je peux connaître la liste des logiciels correspondant à un profil Utilisateur

Stock licences
ETQ responsable des achats, j'obtiens le nombre de licences disponibles d'un logiciel demandé par un nouvel Utilisateur.

[2]Voir par exemple Gestion libre de parc informatique.

15.3.2 Vocabulaire et features

Les ateliers permettent d'élaborer une première liste de features "candidates". Le vocabulaire spécifique prend forme. Il contient en particulier les termes "Actif", "ITAM".
Actif : matériel
ITAM : IT Asset Management, gestion des actifs.

L'importance des valeurs "métiers" relatives apparaît facilement.

Feature	**Rôle**	**Valeur**
Ordinateur	Acheteur	1000
Déploiement	Technicien	900
Licences softs	Acheteur	500

15.3.3 Modélisation

Les documents étudiés ainsi que ces travaux préliminaires font apparaître la nécessité de mieux comprendre le *cycle de vie* d'un actif[^gpAITAM]. Un actif peut être un ordinateur de bureau, une "tour", ou bien un ordinateur portable. Ceci est représenté par un diagramme structurel, un diagramme de classes, qui fait appel à l'héritage (généralisation). Au passage, l'attribut (l'information) "numEtiquette" est ajoutée à la classe "Actif".

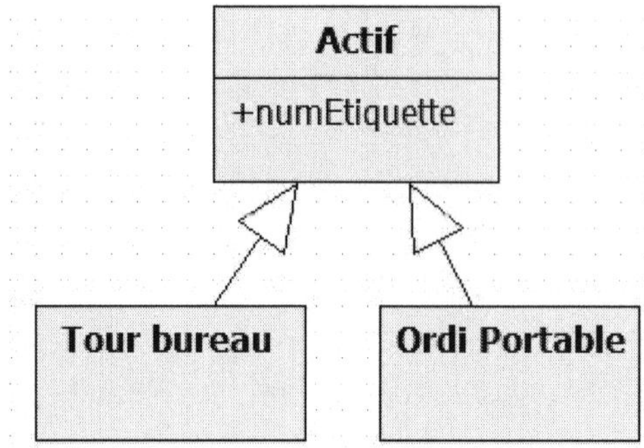

Actif

Concept	Élément	Visualisé par
Classe	Actif	Rectangle
Héritage		Flèche
Classe	Tour bureau	Rectangle
Classe	Portable	Rectangle
Attribut	numEtiquette	Label dans le 2ème compartiment

Les états et transitions d'un actif - en fonction de la compréhension actuelle - sont alors modélisés et visualisés par un diagramme.

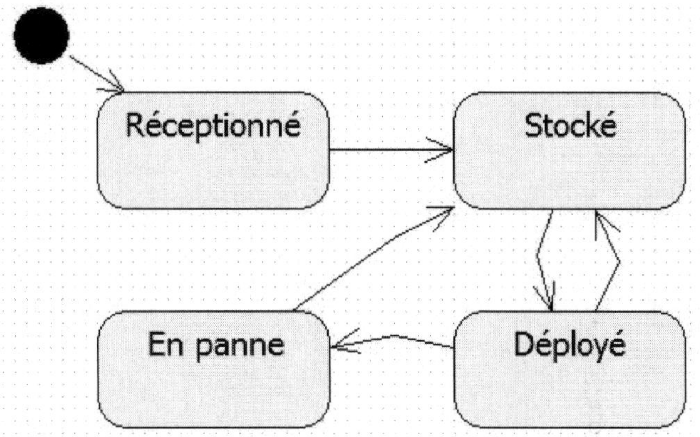

États d'un actif

Cette première version visualise des états d'un actif. Sans information sur les transitions, les actions *dans* les états, il est délicat d'en déduire des *state stories*. Toutefois, une transition est candidate, elle correspond probablement à une story.

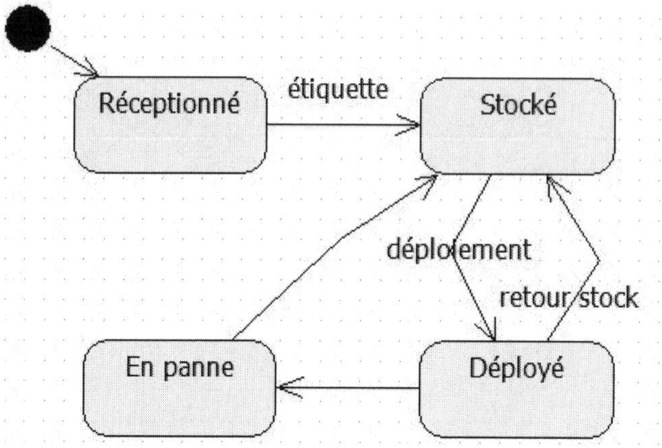

États-transitions d'un Actif

Les labels sur les transitions et les actions, activités sont une base dans l'élaboration du backlog. Ici, le diagramme fournit cinq stories :

- Étiquette
- Déploiement
- Retour stock
- Transition déployé -> en panne
- Transition en panne -> stocké

Conclusion

16 À vous de jouer

Carpe diem.

16.1 Pimp your communication !

Relookez votre communication !

Portez une attention soutenue à la *qualité* de la communication.
Jouez à "Artistes et Spécifieurs".
Prévoyez des ateliers consacrés aux *règles de communication*, de prise de décision.
Utilisez votre pratique d'amélioration continue (PDCA[1], rétrospective...) pour améliorer la communication au sein de l'équipe.
Concoctez votre propre *éthique* de communication.

> Se rappeler la règle d'or de la communication : se respecter et être fidèle... à soi-même. Jacques Salomé

16.2 Prochaine étape

La balle est maintenant dans votre camp.
Quelle prochaine étape ? Pourquoi pas une "journée agile"[2] ?

- une product box
- un story mapping

[1]Plan Do Check Act : la roue de Deming
[2]Merci à Alfred Almendra pour cette suggestion.

- un jeu sur les priorités de ces stories
- quelques tests d'acceptation
- équilibre entre approche descendante (vision puis feature puis story) et ascendante
- implémentation de quelques stories
- ... et un bilan de la journée : qu'avons-nous appris ? Que souhaitons-nous garder, jeter ?

L'expression de besoins est la pierre angulaire du développement agile d'un produit. Abandonnez la recherche de perfection, accueillez *l'émergence* des spécifications.

Poussez le curseur agile !
Vous avez une idée de story ? Rédigez-là, quelques tests d'acceptation... Et demandez au Développeur de l'implémenter. Vous disposez d'un feedback concret et rapide. Vous apprenez. Vous rédigez une nouvelle story.
C'est le “cercle de la vie” agile.
Osez une démarche ascendante.
À vous de jouer.

17 Glossaire

Agile
i) Sujet de discussions infinies entre Agilistes.
ii) Formule magique qui éloigne le mauvais sort des projets de développement.
iii) L'agilité a été définie en février 2001 par les quatre valeurs et les douze principes du Manifeste agile[1].

Agiliste
Romantique. Un(e) Agiliste croit que si les gens parlaient davantage entre eux, les choses iraient mieux.

Backlog
Liste ordonnée de "choses à faire", qui ont du sens pour l'Utilisateur. Un backlog peut être dédié à un niveau d'éléments d'expression de besoins (le backlog de stories, le backlog de features...) ou bien il peut contenir plusieurs types d'éléments : stories et features. Pour se simplifier la vie, un Agiliste ajoute dans le backlog les défauts constatés et les "grosses activités techniques" indépendantes d'une story en particulier.

> "The Product Backlog is an ordered list of everything that might be needed in the product and is the single source of requirements for any changes to be made to the product." Scrum Guide 2011

Besoin
Besoin ou désir[2] ?

[1] http://agilemanifesto.org
[2] https://fr.wikipedia.org/wiki/Besoin

Le besoin, c'est ce qui manque au client pour résoudre son problème. François Delivré

Cahier de Charges
Document moyenâgeux.
- Oyez oyez gentes dames et beaux damoiseaux ! Oyez la complainte du Cahier de Charges qui se languit de feedback concret et rapide !

Coût
Fer de lance d'un pilotage défensif, "pour ne pas perdre". Ne permet pas de gagner. Piloter pour gagner consiste à jouer sur la valeur métier.

Discipline
Un chemin agile (appelé aussi "méthode") est une discipline : il y a des règles à suivre. Les règles appartiennent à l'équipe, elles sont donc changées si nécessaire (auto-amélioration continue). La discipline n'est pas la rigueur[3]. "Discipline" signifie aussi apprentissage (posture du *disciple*).

Équipe
Une équipe agile est constituée de trois collèges :

- Métier : le Product Owner, éventuellement des Spécifieurs, Testeurs...
- Réalisation : Développeurs et Opérateurs, éventuellement Développeurs expérimentés (appelés aussi architectes), Consultants...
- Support : Manager agile, éventuellement ScrumMaster, Coach...

[3]Merci à Alexandre Boutin pour une belle discussion sur le sujet.

Erreur
L'agile donne droit à l'erreur, en contre-partie le devoir de s'améliorer et d'apprendre de ses erreurs.

Expression de besoins
Exprimer, "extérioriser", par différents moyens, les besoins du "métier". Parmi les moyens décrits ici :

- conversations, tests d'acceptation automatisés, cartes : user stories
- features, discussions sur les features,
- objectifs (vision du produit), échanges verbaux sur les objectifs,
- modélisation agile.

Feedback
L'arme fatale de l'Agiliste. Un feedback est une "graine de retour". Recevoir du feedback, c'est planter une graine.

Feature
Caractéristique fonctionnelle ou non du produit, qui a du sens pour l'Utilisateur. Une feature raffine un objectif du produit et est raffinée en plusieurs stories ; c'est aussi un élément de planification de versions.

Jeu
Un Agiliste joue pour faire ou pour apprendre. Le Planning Game (Extreme Programming, 1999) est un jeu de planification dont l'objectif est de maximiser la valeur métier de chaque itération.

Manifeste agile
Dans les temps anciens, des Développeurs qui aimaient développer et concocter de beaux logiciels, utiles aux Utilisateurs,

inventaient des pratiques révolutionnaires : itérations courtes, Test Driven Development, User Story... Et retrouvaient d'autres "Anarchistes organisationnels" pour rédiger, en février 2001, le Manifeste agile[4].

MOA
Personnage moyenâgeux. Maîtrise d'ouvrage en français moderne.
- Nous [MOA] estions courroucé par moultes balivernes de la DSI !
- Oncques n'avions abhoré tel vil grimoire [la MOE en parlant du Cahier de Charges reçu de la MOA] !
(l'ambiance était parfois tendue, à l'époque, entre MOA et MOE).

MOE
Personnage moyenâgeux. Maîtrise d'oeuvre en français moderne. Voir MOA.

Objectif
Le plus haut niveau d'expression de besoins assigné à un produit. Est généralement décrit dans la "vision". Un objectif est raffiné en features du produit et a du sens dans l'organisation.

Pivoter
Terme brassé par le Lean Startup. Pivoter consiste à changer de direction, abandonner une hypothèse pour en tester une autre. Un Product Owner peut décider de tester une hypothèse dans une version du produit et ensuite pivoter si cette hypothèse s'avère fausse.

Product Owner
Homme ou Femme moderne qui est *la* "voix du Client". Le

[4]http://agilemanifesto.org

Product Owner est un Spécifieur qui entérine les décisions en termes de :

- expression de besoins
- planification
- validation.

Qualité
La qualité est l'une des quatre variables de pilotage à la disposition du Product Owner. Les trois autres sont : budget, planning, contenu. L'agilité recommande de piloter en jouant sur le contenu. Si le Product Owner fixe le niveau de qualité, le Développeur est responsable de la qualité du produit (cela suppose que le Product Owner joue sur une autre variable pour permettre d'atteindre le niveau de qualité qu'il a lui-même demandé).

Release
Voir version.

Spécifier
Exprimer un besoin.

Spécifieur
Toute personne amenée à spécifier le produit : Product Owner, Analyste, Testeur...

Test d'acceptation
Spécification détaillée, exprimée sous forme de test. Fait partie d'une story. Les gens sérieux automatisent les tests d'acceptation (sauf pour les stories qui n'ont aucun intérêt et dont le fonctionnement n'a aucune importance).

User Story
Description multi-média d'une petite fonctionnalité du produit,

constituée *a minima* de conversations, tests d'acceptation, description courte ("carte"). Une Story est un élément de planification d'itération (ou sprint dans Scrum).

Valeur
Un Agiliste a des valeurs. Une valeur est le *moteur* de l'action. Pour certains, le lucre, le "process" sont des valeurs. En cas de coup dur, qu'est-ce qui motive votre action ? Rajoutez-vous encore un document, un contrôle ? Est-ce le "process" qui vous dirige ? Misez-vous sur les personnes, leurs collaborations ? Misez-vous sur les personnes et leurs interactions ?

Valeur métier
Ce qui mesure l'importance pour l'Utilisateur. Le Graal de l'Agiliste.

Version
En agilité c'est un incrément du produit. Un plan de versions agile est constitué de plusieurs versions mises en exploitation régulièrement.

Vision
Document court, parfois basé sur un mindmap, qui exprime l'alignement des caractéristiques du produit avec les faits (y compris enjeux de l'organisation). Décrit aussi les objectifs assignés au produit. La vision et ses objectifs sont projetés dans le temps sous forme de feuille de route (roadmap).

18 Bibliographie

Coacher une équipe agile
Véronique Messager, Eyrolles, 2012,
ISBN 978-2-212-13414-8
Un livre pour comprendre ce qui se passe lors d'une conduite de changement vers l'agilité. Et agir pour en faire un succès.

Extreme Programming explained
Kent Beck, Addison-Wesley, 2000,
ISBN 0-201-61641-6
Un ouvrage de référence sur l'agilité. Le titre est aussi désigné par XPE.

Extreme Programming explained, 2ème édition
Kent Beck avec Cynthia Andres, Addison-Wesley, 2005,
ISBN 0-321-27865-8
Kent Beck a sensiblement modifié le contenu d'XP dans cette 2ème édition. Ce livre "XPE2E" est une mine d'or.

Heureux qui communique
Jacques Salomé, éditions Albin Michel, 1993-2003,
ISBN 2-266-15175-4
Un petit livre édité dans la collection "Pocket évolution". "Pour oser se dire et être entendu".

Implementing Lean Software Development
Mary and Tom Poppendieck, Addison-Wesley, 2007,
ISBN 0-321-43738-1
Un livre sur le Lean, de quoi mieux comprendre ce qu'est la valeur métier, objet de toutes les attentions d'un Agiliste.

Kanban pour l'IT
Laurent Morisseau, Dunod, 2012,

ISBN 978-2-10-057867-2
Le livre de référence en français sur Kanban.

Planning Extreme Programming
Kent Beck et Martin Fowler, Addison-Wesley, 2001,
ISBN 0-201-71091-9
Une explication claire et simple des User Stories (parmi bien d'autres pépites agiles).

Scrum
Claude Aubry, Dunod, 2011,
ISBN 2100563203
Bien au-delà de Scrum, c'est un "état de l'art" agile que Claude nous propose dans son livre.

We the people
John Buck & Sharon Villines, sociocracy.info, 2007,
ISBN 978-0-9792827-0-6 'Consenting to a deeper Democracy' : Un livre de référence sur la sociocratie.

Maîtriser les projets avec l'Extreme Programming
Thierry Cros, Éditions Cépadues, 2004,
ISBN 2854286391

Les notes (bas de page ou fin de l'ouvrage) fourmillent de références Web.

- http ://agilemanifesto.org[1] Les douze principes agiles sont à lire
- http ://referentiel.institut-agile.fr/[2] Un référentiel bien pratique

[1]http://agilemanifesto.org
[2]http://referentiel.institut-agile.fr/

- http ://fr.wikipedia.org/wiki/Accueil[3]

18.1 Outillage utilisé pour concocter Spécifiez agile

- https ://bubbl.us/[4] outil en ligne pour les mindmaps de vision
- http ://yuml.me/[5] outil en ligne pour les diagrammes UML
- http ://staruml.sourceforge.net[6] outil open source pour les diagrammes UML
- https ://ixquick.com/fra/ ?[7] mon (meta) moteur de recherche préféré.

---

[3]http://fr.wikipedia.org/wiki/Accueil

[4]https://bubbl.us/

[5]http://yuml.me/

[6]http://staruml.sourceforge.net/en/index.php

[7]https://ixquick.com/fra/?

8910754R00127

Printed in Germany
by Amazon Distribution
GmbH, Leipzig